1974부터 2020까지

46년은
길지
않았다

허의행 지음

미루나무

시작하는 말

　글을 쓴다는 것은 누군가에게 읽혀질 것을 전제한다. 하지만 영상에 익숙해져버린 이 시대가, 우후죽순처럼 쏟아내는 책 중, 나와 상관없는 사람의 평범한 일상을 읽어 내려갈 만큼 여유롭거나 너그러운 것이 아님을 잘 알고 있다.
　유래 없는 코로나19 상황을 맞아 외부활동이 제한되니 시간의 틈이 생겨 시작한 일이다. 하지만 묻고 지나가도 무방한 일을, 새삼 글로 적고 또 묶어낸다는 것이 이렇게나 용기가 필요한 일인지 그때는 몰랐다.
　페이지가 늘어나고 수차례 되새김질 했다. 나의 민낯을 진실하게, 속살을 꾸밈없이 드러내자, 보잘것없어도 괜찮다, 아, 이 사람은 이렇게 살았구나, 이야기 듣듯 편하게 읽을 수 있으면 좋겠다, 수만 가지의 생각이 생겨났다 사라졌다.
　왜 부질없는 짓을 하려고 하나, 그만 접자, 부끄럽기 짝이 없다, 과욕일 수도 있다, 그러다가, 내 인생의 작가는 나야, 돌팔매를 맞아보아야 아픔을 알지, 하며 몇 번이나 망설이고, 수차례 접었다 용기 내기를 반복했다.

누군가 끓인 라면 냄비의 받침으로라도 한 번의 쓸모는 있겠지 하며 결심하고 내는 책이다. 전반부는 살아온 이야기로, 후반부는 다시 한 번 곱씹어 보는 소소한 생각들로 엮어보았다. 살아온 경험과 생각을 정리하며 진솔해지려고 노력했으나 초심과 달리 어설프게 포장한 흔적도 보인다. 읽는 누군가에게 잠시 생각하는 기회가 되거나, 후배 공직자들에게 내가 겪은 지난 경험이 되쓰일 데가 있다면 더 바랄 것이 없겠다.

행복은 가진 것을 깨닫는 순간 느껴지는 것이다. 오늘 이 순간이 있음이 행복이요 감사다.

2020년 12월

허의행

목차

시작하는 말 • 4

제1부 | 가난한 청소년 시절

학교 가는 길 • 12
날개 꺾인 중학교 입학 • 16
자전거와 동행한 고교 3년 • 21

제2부 | 공무원 입문과 좌충우돌

철부지 공무원 입문 • 28
주민등록증 발급 • 32
새마을운동과 현장 시찰 • 34
안동댐 준공식에 대통령이 참석한다니 • 38
자전거 사고 입원 • 40
무모한 용기 • 43
1박 2일의 산불 • 45
일선 공무원의 역할은 어디까지인가 • 47
결혼 • 51
경부고속도로 오토바이 달리기 • 55
좌충우돌 30대 철없던 시절 • 59
인내심을 일깨워준 상사 • 61
너는 누구고? • 63
출산 억제 가족계획 사업 • 66
배차가 능력 • 68
30대 테니스에 미치다 • 70
아들의 바나나 빵 선물 • 74
사진으로 보는 추억 • 76

제3부 | 희망의 불씨

교육 우수 금배지 • 80
화랑반 교육 • 83
가족보다 진한 동료애와 첫 내 집 • 86
도정발전 논문공모 우수상 • 90
신지식 공무원 선정 • 93
늦깎이 7년의 주경야독 • 95

제4부 | 시련의 고비와 보람

잊지 못할 사건 • 102
시·군 행정구역 분리와 통합 • 106
공무원 구조조정 • 109
면장의 보람 • 116
청천벽력의 비보 • 119

제5부 | 숨가쁘게 달려온 시간

도청 전출과 회귀 • 126
오기(傲氣)로 시작한 골프 입문 • 129
생매장 가축의 절규 • 132
중국 자매도시 파견공무원 • 135
미국 버펄로시 자매결연 • 138
일본 자매도시 방문 • 141
기관장 대신하는 축사의 고뇌 • 147

제6부 | 짧은 휴식 두 번째 상근

찰나의 2년 • 154
YMCA와의 인연 • 158
재외동포 청소년 모국연수 • 163
지역 청소년 통일 캠프 • 167
독립운동 유적지 생명 평화 순례 • 169
눈 수술 • 171
공무원 동기와 부부동반 미주 여행 • 173
큰 형님 칠순 • 177
보람된 복지관장 5년 • 181
호사다마(好事多魔)의 홀인원(Hole In One) • 192
행복 축제 한마당 • 194
윤성 Dream사업 • 196
독거 어르신 돌봄 사업 • 199
캄보디아 집 짓기 봉사 • 204
무박 3일 금강산 관광 • 208
북한의 3·8부녀절 • 210
어머니의 과분한 칭찬 • 213

제7부 | 소소한 생각

한 사람이 주변을 변화시킨다 • 218
국장님 애인 만나러 가세요? • 221
만족하는 사람 없다 • 223
수컷의 본능 • 224

윗사람 대신 밥 먹을 자리를 포기하지 말라 • 227
자존감 • 228
봉사는 시멘트다 • 230
물처럼 • 233
지난 과거는 잊어도 괜찮은가 • 235
지혜로운 어르신 • 238
기본에 충실한 나무처럼 • 239
인체 구조는 사람마다 크게 다르다 • 242
나는 어디에 길들여 지고 있는가 • 244
계단과 칸막이 • 246
리더는 눈뜬장님이 되기 쉽다 • 248
일부로 전체를 판단하지 말자 • 250
마음이 먼저 통해야지 • 252
집토끼와 산토끼 • 254
체중 • 256
DNA를 극복하자 • 258
잊지 말아야 할 일 • 260
가진 것의 소중함을 모르고 산다 • 263
갑질의 최고 고수는 누구일까 • 265
배려와 동행 • 267
진정한 내 모습 • 269
열정 • 271
본 것이 전부가 아닐 때 많다 • 273
일과 휴식 • 275
균형 • 277
일상을 돌아보게 하는 2020 • 280

제1부

가난한
청소년 시절

학교 가는 길

학교 가는 길은 멀다. 아버지를 따라 가는 초등학교 입학식은 처음 가는 길이다. 빠른 걸음으로도 한 시간은 족히 걸어야 한다. 그래서 또래보다 늦은 아홉 살 나이에 입학을 한 것 같다. 칠형제가 대부분 세 살 터울이니 형이 졸업하면 동생이 입학하여 다녀도 최소 삼형제는 초등학교를 함께 다니게 된다. 5학년 때 막내가 태어났으니 동생들도 나와 같았을 것이다. 자그마한 체구에 배를 앞세워 물동이를 머리에 이고 논두렁을 걸어오시던 어머님의 그때 모습이 지금도 눈에 선하다.

집에서는 부업으로 닭을 많이 키웠다. 학용품 살 돈이 없을 때는 단골가게에서 달걀 몇 개와 학용품을 맞바꾸기도 했다. 달걀을 위해 키우는 닭은 닭장에 가두어 키우고 토종닭은 낮에는 산야에 풀어 놓았다가 저녁에는 산짐승으로부터 보호하기 위해 닭장에 가둔다.

어린 나이에 겪은 일 중 똑똑히 기억하나는 것이 하나 있다. 초등학교에 입학하기도 전인 6~7세쯤의 일이다. 작은 방으로 뛰어가는 내 얼굴을 큰 수탉이 공격하여 실명할 뻔했던 기억이다. 수탉은 어린 꼬마가 뛰어오니 자기를 공격한다고 판단했던 모양이다. 눈언저리에서 피가 많이 났는데 다행히 시신경은 다치지 않아 오늘까지 시력에 이상은 없다.

해동된 이른 봄 저수지 가장자리를 족대로 한 바퀴 돌면 물은 차가워도 굵은 새우가 가슴에 알을 가득 머금은 채 많이 잡혔다. 그렇게 잡은 새우는 도시락 반찬도 하고 많으면 어머니께서 시장에 내다 팔기도 하셨다. 여름방학이면 소 먹이고 물놀이 하는 것이 일과였다. 보리 짚을 묶어서 물에 띄우고 그 위에 누우면 가라앉지 않고 편안하게 놀 수 있었다. 잦은 물놀이로 온몸이 새까맣게 탄 나는 흡사 아프리카인을 방불케 한 모습이었을 것이다. 방학 내내 산기슭에 소를 몰아두고 콩과 밀, 심지어 개구리 뒷다리를 구워 먹는 일은 날마다 반복되는 자연스러운 일상의 중 하나였다. 여름밤이나 이른 아침에 낚시를 던지면 붕어가 참 많이 잡혔다. 안개 자욱한 새벽녘마다 낚싯바늘에 지렁이 미끼를 끼우고 저수지에 던지기 바빴다. 낚싯바늘을 덥석덥석 무는 고기들도 우리처럼 먹을 것이 풍부하지 않았던 모양이다. 가뭄 끝에 비가 오면 저수지 상류 물도랑으로 고기가 새 물을 따라 많이 올라갔다. 도랑 풀 속을 손으로 더듬어 잡기도 했다.

산란기 가물치를 잡는 방법은 아주 간단했다. 가물치는 물풀을 모아 몸으로 두들겨 부드럽게 한 후 집을 지어 그곳에 알을 낳는다. 아침 일찍 물가로 나가 밤새 지은 가물치 집을 발견하는 순간 가물치는 이미 잡은 것이나 마찬가지다. 알을 낳은 후에는 집에서 멀리 떨어지지 않기 때문이다. 알이 개구리의 먹이가 될세라 물밑 주위를 맴돌며 철통방어를 한다. 못을 구부려 낚시를 만들고 개구리를 미끼로 풍덩 풍덩 몇 번 물에 빠뜨렸다 건져내기를 반복하면 가물치가 물밑에서부터 물을 일렁이며 다가와 이리저리 개구리를 방어할 수밖에 없다. 풍덩 풍덩 하다가 알이 있거나 새끼가 부화한 곳 근처로 깊숙이 담그면 가물치는 영락없이 미끼를 한입에 물게 된다. 가파른 언덕 물가에서는 잡았다가도 도로 물로 튀어 들어가는 때도 있다. 그러나 다음 날 가면 어김없이 다시 미끼를 문다. 가물치는 지능지수(IQ)가 낮은 것일까? 새끼를 보호하려는 모성본능이 강해서일까? 이처럼 집 앞 저수지는 깨끗하면서도 물고기가 많았던 우리들의 놀이터였다.

어느 날 큰 덩치의 미국 사람들이 단체로 낚시를 왔었다. 텐트를 치고 식탁도 있고 이상하게 생긴 물건들도 많았다. 전기도 냉장고도 없던 시절 여름에 얼음이 있다는 것 자체가 신기했다. 배가 나오고 코 큰 아저씨들이 "아이스(ice)! 아이스!"하며 얼음을 줘서 한 개씩 얻어먹었다. 겨울에만 있는 얼음인데 여름 뙤약볕에 보니 신기하기도 시원하기도 하여 몰래 한 개씩 더 꺼내 먹었다가, 낚시 온 미국 사람들이 맥주나 음료수를 훔친 줄 알고 우리를 욕하며 따라오는 통에 죽을힘을 다해 도망간 적도 있다. 당신들이 내준 얼음 한 개 더 꺼내 먹은 것이 무슨 큰 죄라고……, 말이 통하지 않으니 어쩌랴!

여름방학에는 수영, 겨울방학에는 스케이트가 일과였다. 겨울방학에는 방학 시작과 동시에 크리스마스 발표 준비를 위해 저녁마다 교회에 갔다. 하지만 크리스마스를 핑계로 친구들과 논두렁에 불을 지르는 불놀이가 더 재미있었다. 교인들의 가정을 방문하여 성탄 축하 노래와 메시지를 전하는 새벽송은 성탄절의 꽃이다. 몇 개 구역으로 나누지만 여러 마을을 가다 보면 발은 시리고 볼은 떨어져 나가는 찬바람에 무제한

노출된다. 간간이 뜨끈한 아랫목에 들어가 잠시 몸을 녹이기도 하고 연세 드신 분들이 밤을 꼬박 세고 기다리시다가 끓여 주시는 떡국은 둘이 먹다가 하나 죽어도 모를 만큼 맛있고 따뜻했다.

긴 겨울방학에는 먼 산으로 지게를 지고 땔감을 채취하려는 형들을 따라 나섰다. 아침 일찍 형들이 꿩을 잡으려고 약을 놓은 산까지 따라가보면 꿩도 노련하여 약 넣은 콩은 뒤집어만 놓고 먹지 않은 것을 보게 된다. 어쩌다가 꿩 한 마리 잡히는 날이면 무를 많이 썰어 넣고 한 솥 꿩탕을 끓였는데 정말 시원하고 맛있었다. 독극물로 야생동물을 잡았던 아득한 옛적 일이다.

초등학교 5학년부터는 보충학습을 하니 어두워진 후라야 수업이 끝났다. 깜깜한 산모퉁이를 돌아 집으로 돌아오는 길 중간쯤, 저수지 아래로 악성루머가 있는 상엿집이 있었다. 저수지 여수로 밑이라 넘치는 물소리와 함께 어둠이 어우러지면 소름이 끼쳤다. 나는 이 구간을 빨리 벗어나기 위해 냅다 뛰면서, 두려움을 떨치기 위해 노래를 부르곤 했다.

날개 꺾인 중학교 입학

 당시 중학교는 지금처럼 의무교육이 아닌, 시험을 치고 전국 어디라도 원하는 곳으로 입학할 수 있었던 때라 학교에서는 늦게까지 보충수업을 시켰다. 전기가 없던 시절로 밤엔 호야불로 어둠을 밝혔다. 목재로 지은 교실에 바닥까지 마루인데 석유 등불이 가득하니 위험천만한 상황이었다. 매일 불조심하라는 선생님의 훈시가 아직까지 생생하게 기억이 날 정도였다.
 대구 유학을 위해 시험을 치겠다는 생각은 사치이고 집에서 자전거로 다닐 수 있는 금호중학교를 보내준다는 것만으로도 감지덕지한 일이었다. 초등학교 졸업생 200여 명 가운데 중학교로 진학하지 못하는 아이들이 훨씬 많았고 또 일부는 비인가 중학교 과정인 고등공민학교에 가기도 했다.
 몇 년이 지난 1970년대 초 국가교육정책의 변화로 면마다 1개 중학교를 신설하는 교육정책의 대전환이 있었다. 지역에 중학교가 생겨 외부 유학을 가지 못한 아이들이 1년에서 3년 늦게 중학교에 가게 되니 형과 아우, 누이와 동생이 동시에 입학하기도 했다.

중학교 입학시험을 치르고 내심 성적을 기대하던 중 합격자 발표가 났다. 게시판에 붙은 합격자 명단은 성적순이었는데 내 이름 앞까지 등록금이 면제되는 장학생이었다. 8명이 장학생인데 9등에 내 이름이 있었다. 어린 나이인데도 기운이 쭉 빠졌다. 마치 작은 참새 한 마리가 추락하여 날개가 꺾인 듯한 기분이었다.

방학 동안 배운 서툰 솜씨로 자전거를 타고 중학교에 입학할 때는 많이 어색하고 생소했다. 초등학교 동기 두셋을 빼고는 아이들도 선생님도 낯선 중학교 생활이 시작되었다. 담임선생님의 과목은 생물과 미술이었다. 2학년 때 미술교사가 다시 부임한 것을 보면 담임선생님의 전공은 미술이 아니고 학교 사정상 대신 맡은 것 같았다.

미술 수업의 첫 시작은 스케치북을 만드는 시간이었다. 준비물을 가져와야 수업에 참여할 수 있었는데 재료준비가 만만치 않았다. 몇몇은 미술 준비물을 가져오지 못했는데 나도 그 중 하나였다. 준비물은 학교 앞 가게에서 살 수 있었지만 한 시간 수업을 위해서 그 많은 돈을 들여 준비물을 살 수 있는 가정 형편이 아니었다.

준비물이 없으니 할 수 있는 것이 없었다. 앞 시간이 영어 과목이라 영어 교과서가 책상 위에 그대로 있었다. 미술 시간에 영어책이 책상 위에 있었다는 죄로 선생님께 열나게 두들겨 맞았다. 선생님은 "꼭 공부 못하는 놈들이 수업시간에 엉뚱한 짓을 한다."는 설명까지 덧붙이며 혼냈다. 스케치북 재료를 준비하지 못한 아이들을 대표하여 내가 맞은 이유는 영어책이 책상 위에 있어 괘씸죄가 더해졌기 때문이었다.

미술성적은 어김없이 40점을 받았지만 중간고사 성적은 내가 1등이었다. 미술 과목 성적을 40점 주었는데 1등을 하자, 성적표를 나누어주면서 선생님께서 나를 불러 세웠다. 그때 담임선생님께서 내게 무슨 말을 했는지는 기억에 없다. 성적표를 나누어주는 것은 학부모님의 도장을 받아서 다시 제출하라는 의미였다. 어린 마음에도 입학시험은 과연 공정하게 치러졌을까 하는 마음이 들기도 했다.

한때 사회에 크게 이슈가 되었던 지존파 사건이 있었다. 1993년 20대 7명이 조직을 결성해 부유층에 대한 증오심을 행동으로 표현하자며, 6명을 살해하고 사체 소각시설을 설치한 사건이다. 당시 25세의 김기환 두목은 초등학교 6년 동안 우등생이었는데 미술 시간, 크레파스 살 돈이 없어 못 가져가자 선생님이 "그러면 친구 것이라도 뺏어서 가져왔어야지!"라고 혼을 낸 이후부터 친구 물건을 뺏고 훔치기 시작했다고 증언했다. 그가 재판정에서 "난 선생님이 가르친 대로 인생을 살았을 뿐이다."라고 진술해 사회에 큰 충격을 주었다. 그때 그들과 함께 있었다면 나도 그렇게 되었을까?

중학생이 되는 첫 출발부터 장학생 탈락에 아쉬운 마음이 있던 차에 담임선생님의 서운함까지 보태어 3년 내내 그 선생님에 대한 존경심이 일지 않았다. 중학교 생활 중 아름다운 기억도 그리 많지 않지만 큰 사고는 치지 않고 다닌 것 같다. 사고를 친다는 것은 상상조차 할 수 없었기 때문이다. 역시 고등학교를 대구로 유학한다는 것은 쳐다보지 못할 나무인 것을 나 스스로 잘 알았기에 공부도 그리 열심히 하지 않았다. 하지만 나름대로 성적을 유지하는 데는 큰 문제가 없었던 것 같다.

당시 우리는 부추(정구지)를 많이 먹었다. 농사일과 가정 살림을 함께

하셨던 어머니는 새벽 일찍 일어나 일하시다가 우리를 학교에 보낼 시간에 하던 일손을 멈추시고 아침밥을 지으셨다. 그러니 늘 시간에 쫓길 수밖에 없었고 가장 쉬운 반찬으로 부추를 삶아 간장과 깨소금에 버무린 무침을 만들어 먹이셨다. 닭을 부업으로 키웠기에 어쩌다 밥솥에 넣어 만들어 준 계란찜은 나에게만 주어진 어머니의 특별메뉴였다.

어린 나이지만 가족을 위한 어머님의 희생을 보면서 자랐다. 웬만한 잘못에도 큰소리로 야단치지 않으셨고 작은 체구에 고된 농사일을 하시고도 표정이 일그러지지 않으셨다. 하루는 어머니께서 너무 피곤하셨는지 일찍 누우셔서 나에게 밥솥에서 숭늉 한 그릇 떠 오라는 심부름을 시키셨다. 전기도 없던 때라 깜깜한 부엌을 더듬거려 떠다 드렸더니 조금 마시다가 "야야! 이건 구정물이다."라고 하셨던 기억이 난다. 밥 짓는 큰 솥에 숭늉이 있었는데 작은 솥에 설거지거리를 넣고 물을 부어 놓은 것을 내가 떠다 드린 것이었다. 밥솥을 번갈아 사용하셨으므로 내가 착각을 했던 것이다. 야단쳐야 할 상황인데 고의가 아닌 것을 안 어머니는 나무라지 않으셨다. 이미 삼켜버린 구정물은 어쩔 수 없었다.

꾸지람하지 않으시는 어머니와 달리 가끔 아버지로부터는 형제들이 단체로 질책을 받기도 했다. 단골로 하신 말씀이 '들은 돌이 있어야 얼굴이 붉지!'였다. 원인이 있어야 결과도 있다는 말씀으로, 노력하지 않으면서 무슨 성과를 바라느냐는 질책이셨다.

초등학교 졸업 후 중학교에 입학하기 전 겨울방학 동안 교회 고등학생 형에게 영어를 배웠다. 요즘 말로 중학교 입학하기에 앞서 영어 과목 선행학습을 한 셈이다. 그때의 짧은 선행학습 덕분에 중·고 시절 다들

어려워하던 영어 과목을 쉽게 넘겼고 공무원시험에서도 모두의 발목을 잡는 영어 과목을 쉽게 통과하여 합격할 수 있었던 것 같다.

자전거와 동행한 고교 3년

중학교 때는 북쪽으로 오가던 통학길이 고등학교 때는 남쪽으로 바뀌었다. 물론 자전거와의 동행이었다. 나는 7형제 중 셋째인데 형제들 중 처음으로 고등학교에 보내주셨다. 그런 상황에서 마음에 내키지 않은 학교에 간다고 감히 표현할 수 없었다. 하지만 내심 고민의 연속이었다. 인기가 높았던 학교는 상업고등학교로 졸업하면 바로 은행으로 취업을 했다. 공업고등학교는 3학년 때 실습과 연이어 좋은 곳으로 취업이 되었다. 산업화 물결에 따라 공업계 고등학교에 가서 웬만큼 성적만 받으면 취업은 보장되던 시절이었다. 그에 반해 농업고등학교는 졸업해봤자 진로가 막막했다. 어딘가에 취업해야 하는 것은 어쩔 수 없는 현실인데 축산, 원예과 등 농업계 출신이 취업할 곳은 없었다. 농업고등학교에 가서 무엇 하겠는가 하는 생각도 들었다.

중학교 때는 비 오면 버스를 타고 가기도 했으나 고등학교 때는 비가 오나 눈이 오나 자전거가 유일한 통학수단이었다. 그렇지 않으면 두 시간을 족히 걸어야 하니 반은 끌고 반은 타더라도 자전거가 걷기보다 백번 나았다. 자전거 통학 길은 소나무가 무성한 산길이 많았다. 힘겹게

오르막을 올라 바람 솔솔 부는 소나무 밑 잔디에 햇볕을 맞으며 누우면 참 편안했다. 이름 모를 묘소 언저리에 누워 쳐다본 하늘은 파랗다는 느낌으로는 표현이 부족했다. 때로는 잠깐씩 스르르 단잠에 빠져들기도 했다. 비포장도로에 오르막 내리막을 반복하며 6년간 하루 두 시간씩 자전거 통학으로 다져진 근력이 지금까지 튼튼한 다리를 유지하는 원인이 된 것 같다.

고등학교 1학년 겨울방학 때 전국 SFC(Student For Christ, 학생신앙운동) 동계 수련회가 대구 중구에 소재한 서문로 교회에서 있었다. 전국 중·고생이 한자리에 모여 예배와 성경공부를 겸하는 수련회였는데 나 역시 다니던 교회에서 비용을 부담해줘서 참가하게 되었다. 수백 명인지 수천 명인지 모를 학생들이 빽빽하게 모였던 당시 수련회의 주제는 '죽도록 충성하라'였다. 고난과 핍박을 받고, 죽음 앞에서도 담대했던 성경 인물들과 나라를 위해 일제에 항거하다 순교한 애국 기독교인들에 대해 배웠다. 참가한 학생들은 선포되는 말씀과 함께 환희의 찬양을 부르며, 기쁨과 참회의 시간을 가졌고, 나 역시 "나는 지금 무엇을 하고 있나?"하는 참회와 다짐, 그리고 감동의 시간을 가졌다. 50년이 지난 지금도 당시 3일간의 감동이 여전히 생생하게 기억되곤 한다.

고등학교에는 기독교 동아리 모임이 있었다. 수업을 마치고 예배와 나눔의 시간을 갖곤 했는데, 다른 학년과 반임에도 서로가 자연스레 크리스천임을 알게 되었다. 두 분의 크리스천 선생님도 참석할 때가 있어 교회 다니는 아이들을 파악하고 계셨다. 내가 크리스천임을 안 담임선생님은 2학년 때부터 나에게 신학대학 진학을 권유하기 시작했다. 학교 수업을 마치면 담임선생님을 만나고 가라 하시고 그때마다 어김없이 '신학대학은 많은 돈 들이지 않고 공부할 수 있는 곳'이라며 교무실에서, 때로는 교정으로 불러내어 집요하게 설득하셨다. 선생님의 설득에 부모님께 말씀드려보겠다고 답했지만, 거의 협박수준의 반복되는 설득에도 부모님께 단 한번도 전하지 못했다. 밑으로 줄줄이 달린 동생들과 집안 형편 어느 것을 보더라도 내가 대학을 간다는 것은 가당찮다는 판단을 스스로 확고하게 하고 있었기 때문이다.

3학년이 되니 마음은 더욱 착잡해졌다. 5월이 되어 농촌지도직 공무원시험 공고가 났다. 농업계 고등학교이니 모든 과목이 부담 없는 분야였다. 응시 자격이 만 18세 이상인데 나는 6월이 생일이라 한 달의 나이 미달로 응시가 불가능했다. 얼마 지나지 않아 다시 5급 을류(현재 9급)

지금은 사찰로 변한 이곳이 공직 첫 부임지인 화산면사무소이다.

 행정직 시험 공고가 났는데 농업계 고등학교 출신인 나로서 부담이 컸다. 7명 모집에 원서 접수번호가 90번을 넘었고 국사가 필수과목이었다.
 국어, 수학, 영어는 고사하고 한 번도 배운 적이 없는 국사 과목이 필수과목이니 난감함 그 자체였다. 국어, 영어, 수학 과목을 제쳐두고 공무원시험대비 국사책을 한 권 사서 국사에만 매진했다. 시험 당일, 대구 어디인지 기억도 없는 곳에서 시험을 마치고 시험장에서 이웃 마을 한 해 선배를 우연히 만나 자장면 한 그릇을 얻어먹었다. 그 선배는 대구에서 고등학교를 유학했고 공무원시험에 몇 번 응시한 경험도 있으며 이번 시험 준비로 대구에서 학원도 다녔다고 했다. 그 말을 들으니 무모하게 도전한 내가 부끄럽기까지 했다. 그런데 그 선배가 영어가 너무 어려웠다고 하는 말에 눈치도 없이 난 영어는 모르는 것이 없더라고 말하고 말았다.

첫 시험에 그렇게 통과되었다. 합격소식을 듣고 어머님이 가장 좋아하셨다. 힘들게 농산물을 시장에 내어 파시고 아홉 식구 살림과 농사일에 하루도 이마에 주름 펼 날이 없었는데 내 합격 소식에 얼굴이 환하게 펴지셨다. 집에는 전화가 없으니 군청에서 면사무소로 연락이 왔고 면 직원이 내일 군청에 임용장을 받으러 오라고 연락해 주었다.

아침 일찍 버스를 타고 나가 군청 앞에서 출근 시간을 기다렸다가 7명이 군수에게 직접 임용장을 받았다. 돌아와 다시 자전거로 학교 교무실에 가서 인사하고 다음 날 첫차로 화산면에 첫 출근을 하면서 공무원 생활이 시작되었다.

제2부

공무원 입문과
좌충우돌

철부지 공무원 입문

아무것도 모르고 임용장을 들고 면사무소 들어가니 분위기가 차가웠다. 경력 많은 직원이 와서 대민업무나 당장 급한 업무 나누기를 기대했는데 세상 물정 모르는 어린아이가 왔으니 환영할 마음이 없었던 모양이다. 설상가상으로 다음 달에는 신규임용 교육을 받아야 한다니 "왜 그런 사람을 받았느냐" 대놓고 불평하는 소리가 듣기에 불편했지만 어쩔 수 없었다. '누구나 처음은 교육을 받아야 하고 처음부터 경력자가 되는 것은 아닌데……' 하는 것은 내 입장일 뿐이다.

한 달 하숙비는 1만 2천 원, 1만 원으로 면 직원의 출장 필수인 자전거부터 샀다. 석 달 먼저 발령받은 직원이 하숙하는 곳에서 2인 1실 공동으로 하숙 생활이 시작되었다. 첫 봉급을 받으니 관내 출장 월액여비를 포함해서 3만 원이었다. 앞뒤 돌아볼 여유도 없이 하루하루 주어진 환경에 적응해야 했다. 임용 후 1~2년 사이에 또래들이 신규로 몇 명 발령받아 왔다. 직장 안에 또래 집단이 있으니 어울려 지내면서 쉽게 익숙해져 갔다.

당시 공무원 중 대학 출신은 거의 없었다. 대학 갈 여유가 없는 사람들의 최고의 진로가 공무원이었다. 대학 진학의 기회를 얻지 못한 사람들을 위한 방송통신대학 제도가 대학 졸업 자격 취득에 가장 좋은 통로였다. 방학 때 출석 수업을 하는 것 외에는 자기 스스로 공부할 수 있고 무엇보다 야간대학보다 비용이 적게 드는 장점이 있어 2~30대 공무원들이 방송통신대학 공부를 많이 하고 있었다. 입학 경쟁은 있으나 시험을 치는 것이 아니라 고등학교 성적으로 입학하기 때문에 공무원시험에 합격할 정도의 수준이라면 쉽게 합격이 되었다. 그런데 나는 불합격통지를 받았다. 불합격이유가 성적 불량이었다. 중·고등학교 전 과정에서 석차가 한자리를 벗어난 일은 없을 것 같은데 성적 불량이란 말을 접하니 눈앞이 캄캄했다. 그제야 11월 1일 발령받았으니 중간고사는 응시했지만 3학년 2학기인 12월 기말고사에 응시하지 않았다는 이유로 몇 개 과목이 40점 처리된 것을 알았다.

   나는 최선의 의무를 다했다. 학교의 도움을 받지 않고 스스로 공부하여 농업계 출신으로 행정직 공무원에 합격하였고 임용장을 들고 교무실에 찾아가 발령신고까지 했다. 응시하지 않은 마땅한 사유를 알아보는 것이 과목을 담당하는 교사의 당연한 의무일 텐데 한 과목도 아닌 여러 과목이 40점 처리되어 성적불량자로 처리되어 있었다. 선생님들의 무책임한 성적처리로 한 사람의 인생이 진로를 방해받고 있구나 하는 생각에 많이 분노했다. 방송통신대학교 진학은 이렇게 좌절되었다.

   중·고등학교 시절 모교에 대해 좋지 않은 기억들이 오랫동안 지워지지 않았다. 세월이 지나 일찍 간부공무원이 되니 동창회 행사 때마다 협찬광고를 요청하는 연락이 오곤 했다. 또래 집단보다 간부공무원이 빨리 되었으니 찬조하라는 뜻이다. 내키지 않았지만 옛적 일을 그 사람에게 말할 수도 없고 또 전화하는 사람과의 관계를 위해 광고의 한 공간에 이름을 올렸지만 잊고 있던 그때 일들이 새삼 기억날 때면 기분이 좋지는 않았다. 국적은 바꿀 수 있어도 학적은 바꿀 수 없으니까!

임용된 지 서너 달쯤 지난 어느 날, 방에 걸어둔 바지와 잠바를 비롯해 마침 봉급날이라 주머니 속에 넣어둔 봉급을 봉투째 몽땅 잃어버렸다. 하숙집 방이 철도변이고 바깥 담장이 없는 곳이어서 밖에서 창문을 열고 두 사람 옷을 가져가 버린 것이었다. 돈만 훔쳐 가고 옷이라도 두고 갔으면 좋으련만, 겨울옷이라곤 한 벌밖에 없어 우리 둘 다 계절에 맞지 않는 옷을 입고 출근해야 했다. 봉급날을 잘 아는 가까운 사람의 소행일 것이라는 지서 순경의 소견은 있었으나 사건화하지는 않았다.

심증은 충분히 가는데 물증이 없었다. 심증이 갔던 그 사람이 30년쯤 지난 어느 늦은 밤 만취한 상태에서 전화가 왔다. 그리고 그때 일을 고백했다. 횡설수설이었지만 잘못했다는 말은 분명했다. 전화했다는 사실조차도 다음 날 전혀 기억하지 못할 만큼 만취한 상태였다. 평생을 가슴에 묻어 두고 살아온 모양이었다. 이후로는 아무 연락이 없었다. 이제는 45년이나 지난 일로 나 역시 다시 연락할 생각은 없다. 같이 잃어버렸던 친구도 부부 모임을 함께하며 지금까지 만나고 있지만 전화 온 사실을 말하지는 않았다. 아픈 과거를 기억할 이유도 없고 나 역시 용서했다기보다 그 사건에서 오래전에 이미 자유인이 되었기 때문이다.

이렇게 시작한 첫 부임지 화산면에 30년 후 면장으로 다시 출근하게 되었다. 경력자가 아닌 초임발령자에, 오자마자 교육 간다고 핀잔을 주었던 선임자 중 한 사람이 부면장으로 같이 근무하게 될 줄 누가 알았겠는가! 내일 일은 그 누구도 모를 일이다.

　담당 마을에는 20대에 친구로 만나 45년이 지난 지금까지 모임을 함께하며 인연을 유지하는 이도 있다. 면장 시절 성실한 마을 청년회장이 지금은 시의회 의원, 농협 조합장이 된 분도 있다. 젊은 청년 농부가 기업형 축산업 경영자로 성장하여 지역사회 봉사단체 활동가로 큰 역할을 하시는 분도 있다. 이처럼 45년간 끊이지 않고 만남이 이루어지는 초임발령지 화산은 나에게 깊은 인연을 맺게 해주는 특별한 곳임이 틀림없다.

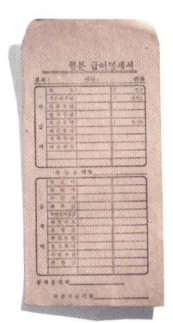

주민등록증 발급

1975년 주민등록법이 개정되어 17세 이상 전 국민은 주민등록증 갱신 발급을 해야 했다. 종전의 생년월일 중심기재에서 지금의 13자리 개인 주민등록증 번호가 부여된 갱신이다. 전 국민이 발급대상이니 마을마다 일정을 짜서 방문하고 재발급 절차를 밟았다. 백지에 기재하고 다시 군청에 가서 비닐접착을 한 다음 개인별로 교부해야 발급과정이 모두 끝이 났다. 백지 주민등록증 용지관리는 현금보다 더 중요한 비밀문서 관리로 금고에 보관하고 행여 한 장이라도 분실하면 큰 문책이 따랐다. 간첩 등 불순분자의 손으로 넘어가는 것을 방지하는 것이 주민등록증 재발급의 가장 큰 목적이었기 때문이다.

지금 주민등록증에는 사라졌지만 당시 남자는 반드시 병역사항이 기재되었다. 주민등록증만 보면 번호를 부여받은 지역과 병적 내용을 소상히 알 수 있었다. 비밀문서로 관리하는 별도의 번호부여 대장에 의해 주민등록번호가 부여 관리됐다.

마을에 방문하여 발급하는 날에는 한자 잘 쓰는 경력직원이 주민등록증 백지에 내용을 기재하고 만약의 사태를 대비하여 경찰관이 종일 입회하여 경찰관도 공동책임이 부여되었다. 신규직원인 나는 줄을 세우고 본인확인 등 보조역할을 했다.

　제일 중요한 것은 하루를 마무리하면서 백지 용지와 발급자 수, 훼손한 백지 숫자가 일치해야 한다는 것이었다. 매일 인수인계가 엄격하게 이루어졌다. 그런데 어느 날 용지 1매가 사라져 현장이 발칵 뒤집어졌다. 만약 끝까지 찾지 못한다면 당일 내무부까지 보고해야 하는 상황이었다. 몇 번을 세고 주변을 뒤져보았지만 역시 1매가 부족했다. 모두가 창백한 얼굴이 되었다. 종사자 호주머니를 뒤집어보기도 하며 한동안 소동을 벌이다가 마을 앰프방송을 하기에 이르렀다. 하지만 원인은 아주 가까이에 있었다. 당시 사무실 책상이 고르지 않으니 글씨를 바르게 쓰기 위해 고무판을 깔고 그 위에서 글씨를 썼다. 그날도 주민등록증 발급을 위해 사무실에서 사용하는 고무판을 마을에 가져갔었다. 고무판 뒷면 색깔이 주민등록증의 뒷면과 비슷하고 잘못 기재하여 잉크가 마르기도 전에 고무판 밑에 넣은 것이 모서리에 달라붙어 있었다. 여러 사람이 몇 번을 뒤집었는데도 발견하지 못했던 것이다. 사라진 용지를 찾고서야 비로소 발급한 선임 직원의 창백한 얼굴이 펴졌다.

새마을운동과 현장 시찰

공무원 시험을 준비할 때는, 면사무소 직원은 찾아오는 민원인에게 호적이나 주민등록 증명 발급의 업무를 하며 사무실에서만 근무하는 줄 알았다. 그런데 사무실 내 근무보다 관내 마을에서 더 많은 시간을 보냈다. 하루하루 업무가 새로웠다.

면사무소 직제는 면장, 부면장 그리고 4계가 있었다. 새마을, 회계, 서무를 담당하는 총무계, 농산 업무를 담당하는 산업계, 지방세를 부과 징수하는 재무계, 그리고 호적, 주민등록, 병무 업무를 담당하는 호병계이다. 면사무소의 핵심 업무는 농산 업무와 새마을 업무였다. 농산 업무는 주민의 식량 자급을 위한 생명 산업이고 새마을사업은 근면, 자조, 협동의 정신운동이요. 마을 공동사업을 위한 자발적 협동사업이었다. 마을마다 시멘트와 철근이 배부되고 마을안길을 넓히는 환경개선사업을 하던 때였고 어느 마을도 예외가 없었다.

마을마다 공급되는 양회(시멘트)를 연초에 공급하면 시공 때까지 자주 뒤집어 주어야 굳어지지 않았다. 화산면 덕암리는 당시 새마을 우수 마을로 지정되어 국무총리가 방문하기도 했던 곳으로 다른 지역에서 견

학도 자주 왔고 경상북도지방공무원교육원 수강생의 현장견학 코스이기도 했다. 그때마다 현황판을 자전거에 실어 마을에 비치하고 마을주민을 동원하여 마을청소와 주변 정리를 했다. 설명은 윗사람이 하지만 현황판을 현장에 비치하고 준비하는 것은 말단 직원의 몫이다. 근면·자조·협동, 마을마다 앰프 방송으로 새마을 노래를 틀며 새벽을 깨우던 시대였다.

새마을 교육 역시 지금의 군대 훈련보다 오히려 더 강도가 높지 않았을까 생각한다. 새벽에 일어나 구보로 하루 교육을 시작하면 밤늦게까지 이어졌다. 점호가 있고, 3일 또는 일주일 동안 진행되는 새마을 교육기간에는 자유도 없었다. 전 공무원에게 새마을 교육은 필수이수과정이었고 새마을지도자는 반드시 새마을 교육과정을 이수해야 했다. 6년 가까이 새마을 업무를 담당하면서 가장 힘들었던 것은 농번기에 새마을 교육 대상자를 차출하는 것이었다. 농사가 생명인데 일주일을 비우는 것은 한해 농사를 폐농하는 것과 마찬가지였다. 양회와 철근 일부만 지원이 있을 뿐 편입 토지는 당연히 기부해야 했고 노동력 역시 지금의 자원봉사 개념이 아니라 강제동원에 가까웠다. 기술지원도 별로 없었다. 그러다보니 하자는 당연한데, 하자는 담당 공무원에게 문제점을 발견하여 조치하지 못한 지도력 부족으로 그 책임을 물었다. 이러한 문제점으로 토목직공무원이 읍면마다 신규로 배치되었고 농촌 환경개선과 농업시설을 개선해 나가는 역할을 했다.

기술이나 창고시설 등 환경이 갖추어지지 못한 상태에서 노동력을 담보로 사업을 하니 문제는 항상 있을 수밖에 없었다. 상급기관의 끝없는

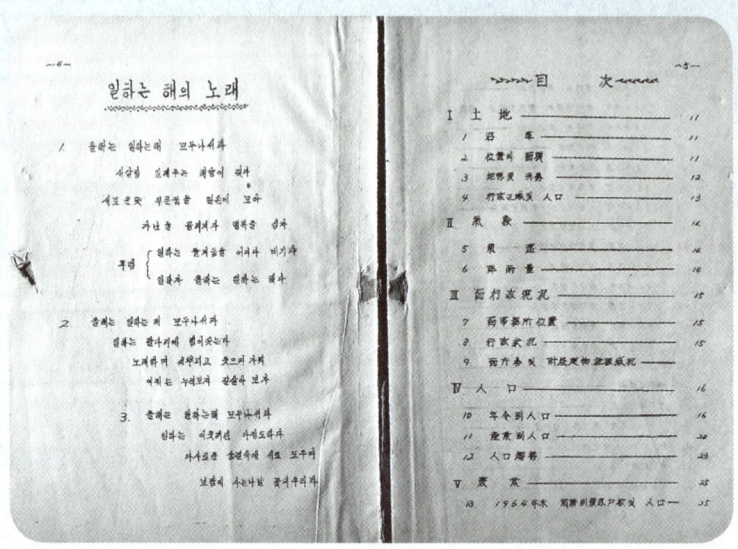

시찰성 현장 확인은 최말단 직원을 늘 괴롭혔다. 올 때마다 수발과 안내는 기본이었다. 현장 확인자는 지적사항이 있어야 목적이 달성되니 때로는 억지 주장을 펴기도 했다. 가장 큰 일은 군수가 바뀌거나 새해가 되어 순시를 할 때였다. 4~50대의 군수에게 붙여지는 직함은 군수 영감님이었다. 나이가 많은 면장은 보고에 지적이라도 당할까봐 극도로 긴장했고 보는 이는 순간순간 아슬아슬한 심정이 되었다.

면정을 보고하는 면세일람(面勢一覽) 첫 쪽 목차에 앞서 '일하는 해의 노래'가 먼저 실려 있다. '일하는 해의 노래'의 가사가 가난했던 시대상을 잘 대변해주고 있다.

올해는 일하는 해 모두 나서라
새로운 뜻 부푼 꿈을 일손에 모아 가난을 물리치자 행복을 심자
노래하며 씨뿌리고 웃으며 가꿔 이제는 누려보자 잘살아 보자
일하는 즐거움을 어디다 비기랴 일하자 올해는 일하는 해다.

 최근 한 언론 인터뷰에서 '나는 박정희 때 고려대 가톨릭 농민회 운동을 한 혐의로 세 번 구속된 사람이지만 새마을은 성공한 운동이라 생각한다. 오늘 우리가 국민소득 3만 달러의 경제 강국이 된 것은 농촌에서 도시로, 가정에서 직장으로 들불처럼 번져간 새마을운동이 있었기 때문이다'라고 말했던 70대 노파의 기사를 보았다.
 먹고 사는 문제가 얼마나 절박했는지 한 줄의 노래 가사에서도 엿볼 수 있다. 시행착오가 없었던 것은 아니지만 근면·자조·협동의 공동체 운동인 농촌 새마을운동을 다년간 수행하였던 실무자로서 이 말에는 나 역시 공감한다.

안동댐 준공식에 대통령이 참석한다니

　대통령은 흑백 TV의 저녁 9시, 대한뉴스에서나 보는 특별한 존재인 시대였다. 그런데 1976년 10월 안동댐 준공식에 박정희 대통령이 완행열차인 중앙선 철도로 참석한다는 급보에 초비상이 걸렸다. 당시만 해도 고속도로 주변 중심의 농업정책이 일선 행정의 최우선 사항이었다. 모내기는 지역별 시한을 정했다. 물론 수확량을 늘려 식량 자급을 하기 위한 몸부림이었다. 가뭄이 심할 때는 강에서 2단, 3단의 양수 작업이 이루어졌다.

　영농뿐만 아니라 주거환경 개선 사업도 고속도로 중심 농촌주택이 먼저 개량되고 도색이 이루어져 고속도로를 지나치는 농촌의 집들은 참 아름답게 느껴졌다. 고속도로, 국도변 중심의 전시행정이 우선되다 보니 고속도로를 끼고 있는 지역 공무원의 고충이 컸다. 그렇다보니 철도 주변이나 지방도 인근의 농촌 주거환경과 농업시설은 말할 것도 없이 열악했다.

　군수가 고속도로나 국도를 지나가다가 한번 지적을 해도 초비상이 걸리는데 도지사도 아니고 대통령이 중앙선 열차를 타고 안동댐 준공식에 참석한다니 군수나 면장 입장에서 어디서부터 손을 봐야 할지 막막했던 것은 비록 영천만의 일은 아니었다.

　비가 부슬부슬 오는 늦은 밤에 횃불을 들고 벼 베기 작업을 하는 진풍경이 벌어졌다. 대통령이 비 오는 밤에 횃불을 켜서 벼 베기 시한을 지키라고 하기야 했겠나? 철도 주변 가시권 내 보기 흉한 곳마다 가림막을 설치하고 퇴색한 슬레이트 지붕은 빨강, 파랑으로 번갈아 도색 하다가 지지대가 약한 지붕에서 떨어져 다치기도 했다.

　준공식에 참석하는 대통령이 이러길 바랐을 리 없지만 안동댐 일원에서는 민둥산을 은폐하기 위해 소나무를 베어와 눈가림으로 심었다는 이야기도 있었고 낙동강 수변 잡초제거로 몇 날을 야간작업했다는 웃지 못한 일들이 공무원 교육 합숙을 하면서 화제가 되었다.

　대통령이 강가에 풀이 있다고 지적할 일이 아닌데도 누군가의 강력한 지시를 거부할 사람이 없었을 것이다. 요즘 생각하면 웃음이 나는 전시행정이라지만 당시 윗사람인 군수, 면장의 신분이 달린 문제이니 오죽했겠는가?

　이처럼 안동댐 준공식은 안동이 아닌 영천에서도 한바탕 소란을 일으킨 후에야 끝이 났다.

자전거 사고 입원

하루의 시작인 직원회의 지시사항은 대다수 농사와 관련된다. 담당업무 외 마을 담당이 있어 마을에서 신청이나 조사업무를 수행해야 하는 일이 많았고 조사는 마을 담당 직원의 몫이었다. 대체로 초임은 면사무소와 먼 거리의 오지마을을 담당시켰다. 담당 마을까지는 보통 자전거로 한 시간 이상을 가야 했다. 중간 마을을 들리면서 갈 때는 훨씬 더 많이 걸렸다.

아침 회의에서 면장, 부면장은 지시라기보다 호통 치기가 일쑤인데도 면사무소 문을 나서는 순간 경력 있는 선배들의 태도는 느슨했다. 지나고 보니 그럴 수도 있겠다는 생각이 들었다. 윗사람은 나무라는 것이 일이었고 선배들은 칭찬과 격려의 말을 들어본 기억이 별로 없어 만성이 되어 버렸기 때문이었다.

농사철엔 집안일을 돕고 겨울철엔 부업(홀치기 : 천을 실로 묶는 작업)을 하는 처녀들이 마을마다 있었다. 여럿이 한 집에서 라디오를 듣고 수다를 떨며 일했다. 마을 담당 직원은 이장 댁을 일주일에 몇 번을 방문해야 하니 처녀들이 모이는 곳이 이장 집이면 더 좋아했다. 한방 가득히 모여 앉아 홀치기의 달가닥 달가닥하는 소리와 함께 웃음소리가 끊이지 않았다. 유머가 있는 총각은 인기가 높았다. 그렇게 만나 결혼한 직원들도 더러 있었다.

겨울철에는 영농교육, 못자리 설치를 위한 골주(보온용 묘판 비닐을 받쳐주는 반달형 굽은 막대기)와 종자 확인, 못자리 파종면적 조사 후 팻말 설치, 보리수매와 병충해 방제, 퇴비증산과 양곡 수매, 생산량을 높이기 위한 객토(토양의 산성화 방지를 위한 외부 흙넣기)와 심경(깊이갈이)으로 한해 농사가 마무리 되었다. 겨울 동안 얼고 부풀어 있는 논보리는 이른 봄에 학교장의 협조를 받아 학생들을 동원하여 밟아주어야 했다. 식량 증산을 위한 노력에는 학생도 예외가 없었다.

가장 어려운 일은 정부 비축 양곡을 위한 수매물량 확보였다. 다른 농사일들은 시간이 지나면 해결되고 눈대중도 가능한데 양곡 수매는 단 한 가마라도 대충이 없었다. 쌀이 귀하니 가을에 수매하는 것보다 봄까지 보관하였다가 팔면 훨씬 높은 가격을 받을 수 있으니 수매를 기피 하는 것은 너무나 당연했다. 수매 강요를 위한 수단으로 금지된 소나무 가지치기나 낙엽채취 단속이란 이름으로 협박수준의 양곡 수매를 강요하기도 했다. 보리수매때는 1모작이 많은 경북 북부지방에서는 경주나 영천으로 영천에서는 더 남쪽으로 보리를 구매하여 수매 목표량을 채우기도 했다.

면사무소의 일과는 사무담당 업무에 앞서 담당 마을의 영농업무가 우선될 때가 많았다. 매일 아침 회의를 마치고 몇 개의 마을을 거쳐 담당 마을에 도착하면 이미 점심때가 되었다. 지금처럼 식당도, 가게도 없는 오지마을 담당 직원은 점심을 해결할 방법이 달리 없었다. 마을 동장 부인이 '쌀 한 톨 안 섞인 보리밥을 내놓기도 민망하고 국수라도 있으면 삶아 주련만……'하며 안타깝게 부엌을 들락날락 하시던 모습이 지금도 눈에 선하다. '칠월 손님은 범보다 무섭다'라는 속담이 왜 생겼겠나? 먹을 것이 부족한 때 손님을 대접해야 하는 마음이 오죽했겠나? 당시 식량 자급이 국정과제였던 우리나라가 40년 후 세계 경제 10위권으로 부상하리라는 것을 예측한 사람은 아무도 없었을 것이다.

이렇듯 담당 마을을 일주일에 몇 번씩 가다 보니 늦을 때도 많았다. 그날도 늦은 시간이라 지름길인 산길로 자전거를 타고 오다가 돌부리에 넘어져 얼굴을 심하게 다쳤다. 얼굴이 엉망이 되어 집에 오니 같이 자취하던 친구가 기절하듯 놀라며 응급차를 불렀고 병원차에 실려 군청 옆 영생병원에 입원하게 되었다. 지금도 그때의 흉터가 얼굴에 남아있는데 그때는 코 밑과 볼, 이마에서 피가 철철 넘쳤다.

이십 여일 입원하는 동안 뜻밖의 즐거움이 생겼다. 입원실이라지만 여인숙 같은 정도의 시설이었다. 간호사가 회진하는데 입원한 대부분이 어르신이다 보니 내 방에 가장 늦게 회진을 하고 내 방에서 친절하게 이야기를 나누며 놀다 가곤 했다. 병원에 행정 전화가 설치되어 있어 퇴원 후 한동안 야간 당직 때 통화했던 즐거움도 기억에 새롭다. 이제 만나본들 할머니가 되어 서로가 알아볼 수도 없겠지만 다정한 미소로 대해주었던 그때 그 간호사가 어디서 어떻게 살고 있는지 새삼 궁금하다.

무모한 용기

　시골 면 지역의 하숙 생활은 크게 할 일이 없었다. 영천에 나가려해도 비포장도로에 버스도 일찍 끊겼다. 집에 간들 TV도 없고 마땅히 할 일도 없으니 퇴근이 항상 늦었다. 동료직원이 일거리가 많아 야근을 하고 있으면 같이해주는 것은 당연지사였다. 맡은 업무에 따라 계절별로 일이 집중되기도 하고 조금 여유로울 때도 있었다. 재무 담당 부서는 가을, 겨울철에 일이 많이 집중된다. 마늘, 사과 등 과수 특용작물에도 농지세가 높게 부과되었고 추수가 끝나는 연말에는 벼 수확량에 따라 부과되는 갑류 농지세 부과작업이 많았다.

　비슷한 또래에 발령을 받은 친구는 재무부서로 위로 계장과 담당 직원이라야 본인뿐이었으므로 야근을 도맡아 했다. 훗날 대구로 전출하여 부 구청장으로 퇴임한 친구다. 부동산등기를 위한 특별조치법이 시행되고 있을 때라 실무전담 일용직 여직원이 있었고 계장만 되어도 실무를 잘하지 않았던 때라 나와 두 직원 이렇게 셋이서 야근을 했다. 어느 날 계장이 한 잔 찐하게 하고 늦게 들어와 야근하는 직원에게 시시콜콜 시비를 했는데 특히 어린 여직원이 듣기에 불편한 말을 길게 늘어놓았다.

두 사람은 평소 계장의 성품을 잘 알고 있고 직속상관이라 다른 말을 할 수 없었지만 나는 경우가 달랐다. 늦게 야근하면 간식이라도 사주든지 아니면 도와주는 나에게 고맙다고 하는 것이 인지상정인데 그런 것은 안중에도 없고 엉뚱한 말만 늘어놓으니 내가 참다못해 "계장님 잠깐 봅시다!" 하고 면장실로 불러내었다.

"왜! 무슨 일인데?"

"모든 직원이 퇴근한 늦은 시간 면장실에 들어서면서 이게 무슨 짓입니까?"

하며 상대가 방어할 겨를도 없이 면장실 바닥에 넘어뜨리고 말았다. 콘크리트 바닥이었다. '쿵!' 하는 소리와 함께 한동안 사람이 움직이지 않았다. 나는 '이렇게 내 인생이 살인 전과자로 끝나는구나!' 하는 생각과 함께 순간 얼음 동상이 되어 보기만 할 뿐 한동안 아무 생각도 할 수 없고 서 있는 상태에서 움직일 수도 없었다. 야근하는 사무실 직원에게 말할 용기도 없었다. 찰나에 정말 수많은 생각이 스쳐갔다. 한참이 지나서 바닥에 넘어졌던 사람이 부스스 일어났다. 너무 반갑고 고마웠다.

일생일대에 돌이킬 수 없는 실수로 내 인생의 전환점이 될 수 있었던 순간이었다. 이 일은 오랫동안 아무에게도 말하지 못했다. 나와 그 사람만이 가슴에 묻어 둔 이 사실을……. 다시는 부질없는 무모한 용기는 부리지도 나서지도 말아야 한다고 뼈저리게 다짐했다. 그리고 더 유순해져야 한다는 깨달음의 한 계단을 넘어섰다. 이미 고인이 되신지 오래이나 당시 무모했던 철부지 행동을 용서받고 싶다.

1박 2일의 산불

오전에 산불이 났다는 연락을 받은 지역은 화산면의 최고 오지이자 군위군 경계지역으로 해발이 가장 높은 당지리였다. 마을주민과 직원 몇 명이 현장으로 먼저 올라갔다. 당시는 지금처럼 무전기나 휴대전화가 없었던 때라 연락은 당연히 불가능했다. 거센 바람이 불던 날이어서 인위적으로 불을 끄겠다는 시도마저 불가능한 상황이었다.

산불은 강한 바람을 타고 두 번 지나갔다. 먼저 강풍과 함께 불덩이가 소나무 정상을 순식간에 날아가듯 뭉쳐 지나갔다. 그 후 낙엽과 잡목을 태우는 불이 다시 천천히 바닥을 태웠다. 산소가 부족한 산불 속에 잘못 갇히게 되면 짙은 연기에 질식해 생명이 위험할 수도 있었다. 산속은 짙은 안개가 낀 것처럼 온통 뿌연 연기로 방향을 알 수 없는 상태였다. 지금처럼 소방헬기도 없던 때여서 정상에 있는 군부대의 도움을 받았다. 늦은 밤에 산불은 진화되었으나 불빛마저 없으니 깊은 산속은 천지분간이 어려울 정도로 어둡고 캄캄했다. 내려가는 방향을 찾을 수도 없었다.

예나 지금이나 깊은 산속에 불을 끄러 들어가는 사람들에게 물이나 음식을 공급해주기는 사실 어려운 일이다. 그때도 온종일 음식은 물론 물 한 모금 마시지 못하고 어둠 속에서 헤맬 수밖에 없었다. 처음 올라온 마을주민들은 언제 내려갔는지, 남은 사람이라야 면 직원 몇이 전부였다. 그나마 함께 있으니 서로가 위안이 되었지만 길을 모르는 것은 마찬가지였다. 무조건 낮은 곳으로 골짜기를 향해 걷는데 밝아 보이는 곳이 있어 자세히 보니 얼음 계곡이었다. 자칫 미끄러지면 끝없이 추락하는 위험천만한 곳이었다. 서로를 의지하며 산길을 몇 시간이나 헤매다가 새벽녘에야 기진맥진한 상태로 마을로 돌아올 수 있었다. 대다수는 해산하고 마을 동장과 일부 면사무소 직원들만 속수무책으로 기다리고 있다가 우리를 보고 이산가족 상봉하듯 반가워했다. 경험과 준비 없이 산불을 끄기 위해 산으로 달려들어 추위와 수분부족으로 탈진하면 사고로 이어지기 십상이었다.

그 시간 무슨 밥이 있고 남은 음식이 있으랴! 마침 보리쌀을 삶아 부엌 천정에 매달아둔 것을 내려서 얼어붙은 시래깃국에 말아 먹었다. 불을 지펴 녹일 여유도 없었다. 종일 물 한 모금 밥 한 톨 구경하지 못했던 터라 생명줄을 잇는 새벽밥이었다. 쥐가 많을 때라 보리쌀을 삶아 천정에 달아두었다가 다시 한 번 더 익혀 보리밥을 해먹었던 때였기에 가능한 이야기다.

40년이 훌쩍 지난 후에 이곳에 자주 오게 될 줄을 그때는 생각지도 못했다. 군위 댐 피해지역 주민지원 사업을 영천시종합사회복지관에서 위탁받아 수행하며 40년 전 산불을 끄던 그 장소에 다시 오게 된 것이다. 주요 프로그램 진행에 앞서 주민들과 이야기를 나눌 때나 행사 때 나의 인사말 단골 메뉴가 그 옛날 옛적 당지마을 산불 이야기가 되었다.

일선 공무원의 역할은 어디까지인가

　최일선 행정기관인 면사무소 직원의 일이 국가정책을 주민에게 실천하는 실핏줄 같은 역할임은 두말할 나위가 없다. 하지만 국가시책 실천을 넘어 공정성이 유지되어야 하는 공무원 신분임에도 집권한 정권의 전달자 역할뿐만 아니라 틀에 짜인 홍보 역할에 앞장서야 했다. 정부 시책 수행자라기보다 하수인의 역할이었다.

　국가의 대사인 대선이나 총선 그리고 헌법 개정을 위한 국민 투표가 있을 때마다 선거인명부를 작성하고 개인별 통지서를 전달하는 것은 공무원이 당연하게 해야 할 사무적인 일이었다. 하지만 상황에 따라 별도의 구체적이고 상세한 선거 홍보 방안에 따라 움직여야 했다. 정해진 문안으로 정례적인 마을 앰프 방송을 하는 것은 기본이고 찬성, 중도, 반대 투표율을 예측하여 보고해야 했다. 건강사업이라 불렸지만 실제로는 투표성향 분석이었고 건강, 보통, 불량으로 표기했다. 건강지수가 점점 높아져야 하는데 개인 면담이나 조사는 할 수 없으므로 마을 담당 직원의 추정치에 불과한 분석이었다.

　대선이나 총선은 군수나 면장에게 무척 중요한 과제였다. 정부 여당

후보가 낙선하면 그 지역 군수는 문책을 받는 등 선거결과가 신분에 직접 영향을 미쳤다. 별정직인 면장은 신분이 박탈될 지경이니 총력을 경주 할 수밖에 없었다. 정부의 정책 홍보뿐만 아니라 군관의 지원을 받아 선거운동을 하기도 했다. 유신체제로 통일주체국민회의에 의해 대통령과 국회의원 1/3이 선출되던 때라 국민적 저항도 만만찮았지만 수권을 위한 강력한 조직 체계 동원으로 헌법 개정이 이루어지던 시대였다.

팔공산에 간첩이 나타났으니 신고하라는 전단지를 뿌리고 간첩 색출을 위해 마을마다 예비군 보초를 세웠다. 도로 주요지점에서는 군인들이 검문검색을 했다. 향토예비군인 마을 청년들이 추위에 떨며 밤새 보초를 서면 부녀회에서 국수를 삶아 야식을 제공하기도 했다. 민·관·군 합동작전으로 내 마을은 내가 지킨다는 구호아래 향토예비군이 본연의 의무를 수행하게 했다. 예비군에게 실탄을 지급하여 사고가 나기도 했다. 통행금지제도가 시행되던 때에 이런 상황이었으니 야당이 어떻게 선거운동을 할 수 있었겠으며 공명선거를 말할 수 있었겠는가? 간첩 이동로 차단이 도로를 지킨다고 충분했을 리 만무하다. 간첩은 주로 산길을 이용해 이동하지 않았겠는가?

이런 혼란 중에, 속리산 문장대를 오르는 여유를 부릴 수 있었던 것은 단지 젊음 때문이었을 것이다. 대체로 면사무소 직원들과 가까이에서 근무하는 농협이나 보건소, 우체국 직원들이 함께 일상을 탈출하는 시간을 간간이 가지곤 했었다. 지금은 관광지나 유적지 등 사람이 많이 모이는 곳에 지역 안내나 특산물 등을 적은 관광 안내 홍보판이 설치되어 있다. 하지만 그때는 가장 잘 보이는 곳, 다수의 사람이 모이는 곳에는

어김없이 반공 구호 입간판이 설치되었다.

"의심나면 다시 보고 수상하면 신고하자"

이토록 정제된 정보에 제한되었던 그때는 그 의미를 속속들이 몰랐던 것 같다. 먼 훗날에야 느낄 수 있었는데, 지금 생각하면 웃음이 나지만 그때는 누구 하나 의심하지 않았고 맡은 소임에 충실하던 때였다.

40년이 지난 지금도 방법만 조금 다를 뿐 비슷한 상황이 벌어지고 있는 듯하다. 2007년경 9시 뉴스에 한우가 축사 바닥에 비틀거리며 넘어지는 광경을 보도하면서 미국산 광우병은 사람의 뇌에 구멍을 낸다고 미국산 쇠고기 수입에 대한 정책을 비판했는데 지금은 어떠한가? 미국산 수입고기를 재료로 사용하는 갈비탕 업소는 번호표를 뽑아서 기다릴 만큼 성업하고 있고, 수입 소고기는 여전히 우리 식탁에 오르고 있다. 미국 소의 광우병이 모두 치료되었기 때문에 이제는 안전한 것일까? 아니면 그 방송이 다른 이유로 과장되거나 포장되었던 것일까? 그 시절 그 방송을 만든 제작진들은 이 물음에 대해 어떤 답을 할까? 지금은 어떠한가. SNS가 활성화되고 유튜브와 방송 채널이 수없이 늘어나 아니면 말고 식의 가짜뉴스가 성행하고 있다.

　국회 국정감사가 한창이다. 인사청문회나 국정감사에 반복되는 답변 메뉴는 '기억이 없다'이다. 대한민국의 고위직이 되려면 쉽게 잊어버릴 줄 알아야 자리가 주어지고 보존되는 듯하다. 현대 한국 사회는 가져야 할 최소한의 기준인 염치가 없거나 거짓말 정도가 도를 넘어서고 있다. 한번 무너지면 다시 세우기는 쉽지 않다. 2019년 송년 사자성어로 뽑힌 물고기 눈과 진주가 섞여 어느 것이 진짜이고 가짜인지 모른다는 어목혼주(魚目混珠)가 한해의 사회 분위기를 함축해 말해주고 있다. 아련한 옛적 일이라고 쓴웃음으로 넘어갈 일만은 아닌 듯하다.

결혼

나는 결혼에 대한 높은 꿈도, 이상도 없었다. 처녀들이 선호하는 스타일도 아니니 목메는 사람도 없었고, 무엇보다 결혼에 따르는 경제적 여유가 없다는 것이 가장 큰 이유였다. 하루하루 직장생활에 쫓겼고 어울려 지내는 친구들이 가까운 곳에 있으니 큰 아쉬움도 없었다. 늦은 나이도 아니어서 관심이 없는 것은 어쩌면 당연한 일이었을 것이다.

하지만 부모님 생각은 달랐다. 내 결혼 문제가 걱정거리 그 자체였다. 그도 그럴 것이 부모님은 자식이 여럿이니 어떻게 해서라도 짝을 지어 걱정거리를 하나씩 줄여나가야 하는 숙제를 안고 있었다. 또 동생이 육군3사관학교 생도 시절부터 여자 친구가 있어 면회를 오고갔기에 동생의 혼사를 위해서라도 내 결혼을 서둘러야 했을 것이다. 내가 그러한 부모님의 속마음을 알 리 만무했다.

적극적인 중매에 나선 분은 양가 부모님이 다니는 두 교회를 시무한 전도사였다. 양가 부모님 모두 전도사님을 전폭적으로 믿었으니, 당사자 의견에 앞서 서둘러 혼사가 진행됐다. 특히 어머님은 형제가 많아 하나라도 빨리 독립시켜야 한다는 마음에 무척 서두르셨다. 나는 아내의 친정이 영천과 금호에 집이 있고 사과 과수원은 물론 땅이 많은 집안으로, 부잣집 맏사위가 된다는 은근한 기대가 있었던 것 같다. 그때만 해도 사과밭이 있는 집은 부잣집의 대명사였던 시절이었다.

신혼여행은 부산 일대의 용두산 공원과 해운대로 갔다. 그리고 해변에서 가장 좋아 보이는 조선비치호텔에서 숙박했는데 생각보다 너무 비쌌다. 미리 알았더라면 숙박할 엄두도 못 내었을 것이다.

단칸방에서 신혼살림을 시작했다. 그런데 마침 칼라 TV가 처음 출시되던 때라 작은 칼라 TV는 한 대 장만하였다. 당시 내가 총무업무를 맡고 있을 때라 사무실 일이 폭주해 신혼 초임에도 일이 중심이던 생활은 쉽게 바뀌지 않았고 귀가 시간은 여전히 늦었다. 23세 나이에 결혼한 아내의 갑갑한 촌마을 결혼 생활이 시작되었다. 시부모님과 손윗동서 그리고 친가, 외가 친척들까지 지근거리에 살았으니 새색시가 어디 숨이

당시 해운대에는 조선비치호텔 외에는 주변에 아무것도 없었다.

나 제대로 쉴 수 있었을까하는 생각이 이제야 든다. 나는 그때 무엇이 우선인지 잘 몰랐던 것 같다. 생각할 여유가 없었는지 생각 자체를 하지 않았는지 모르지만, 오직 사무실 일이 전부였고 우선하던 시절이었다.

우선하지 않을 수도 없었다. 80년대에는 유가가 안정되고 경제성장이 급속도로 이뤄지던 때로 공무원이란 직업이 큰 인기가 없던 시절이었다. 직원 세 사람은 있어야 하는 총무계 일이었지만 늘 한 두 사람이 주어진 몫을 해내야 했다. 신규 직원이 와도 몇 달 지나지 않아 도망갔고 또 다시 신규가 올 때까지 까마득하게 기다려야 했다. 잦은 공백을 메우며 당장 처리할 일들이 밀려와 숨 쉴 여유조차 없었다. 그때 한시적으로 생긴 제도가 젊은 마을 동장이나 새마을지도자 경력자를 특별 채용하는 것이었다.

 대창면으로 이동한 지 얼마 되지 않아 고향 교회에서 중고등부 부장을 맡았다. 성경적 지식이 부족한 부분이 많았는데 아내가 설교나 성경 공부 교안을 많이 작성해 주었다. 아내는 신학교를 졸업하였으므로 동기생 중에는 남자는 목사로, 여성은 교육전도사로 교회에서 시무하는 분이 몇 분 계신다.

 2년간 촌에서의 결혼 생활은 보건소 발령과 동시에 끝이 나고 새로운 영천 시내 생활이 시작되었다. 물론 부엌 달린 단칸 월세 방이었다. 당시는 부엌과 방 출입문이 높았다. 첫돌을 막 넘긴 큰 아이가 방에서 부엌으로 넘어져 쇄골 뼈가 부려졌고 깁스를 하고 있는 동안 불편해하며 울던 기억이 엊그제 같은데 벌써 40년 가까운 세월이 흘렀다.

 가보고 싶어도 갈 수 없는 사돈집 근처에 살다가 단칸방이라도 친정 가까운 곳으로 이사 왔다고 장모님이 무척 좋아하셨다. 걱정이 되도 갈 수 없었던 딸의 집을 언제라도 가볼 수 있게 된 것이 큰 즐거움이셨던 것 같다.

경부고속도로 오토바이 달리기

당시 보리 베기가 한창인 때였다. 고속도로 주변 지역에 근무하는 면사무소 공무원은 보리 베기가 문제가 아니었다. 보리를 하루라도 빨리 베어야 정해진 시한 내에 모내기를 할 수 있었다. 일선 행정의 최우선 과제는 식량을 자급하는 것이었고 매 과제의 시한을 지켜 단위당 생산량을 높이는 것이었다. 보리 베기와 모내기철이 되면 면사무소는 본인의 업무는 틈내어 알아서 해야 했고, 영농시한을 지키기 위한 총동원령에 따라 움직였다. 출근 자체가 사무실이 아닌 고속도로 주변 마을회관이나 고속도로 교량 밑이었다. 모내기를 위한 물대기는 그야말로 전쟁 그 자체였다.

아전인수(我田引水)라 했던가? 저수지 아래쪽부터 순차적으로 물을 가두면 물 소비량을 줄일 수 있어 효율적이지만 고속도로 시야에 있는 들판에 먼저 물을 대고 모내기를 해야 하니 갈등이 생기는 것은 어쩌면 당연한 일이었다. 저수지 밑에서 통과하여 하구인 고속도로 주변부터 가두기 위해 중간 중간에서 물길을 지키다 보면 싸움판이 자주 벌어졌다.

오토바이와의 동행

  90cc 오토바이가 대세였던 그 시절 나는 친구가 중동 근로자로 가면서 실비로 넘겨준 125cc 중고 오토바이를 타고 다녔다. 90cc 오토바이와는 비교가 안 될 만큼 승차감이 좋았다. 나는 좋은 기름을 넣기 위해 고속도로 휴게소에 있는 주유소를 종종 이용했다. 어느 날 점심시간에 기름도 넣을 겸 휴게소에서 파는 가락국수를 먹으러 직원 한사람을 태우고 갔다.

돌아오려다가 순간 "고속도로로 가버릴까?" 하는 말이 입에서 툭 튀어나왔다. 뒷자리에 앉은 직원이 미처 대답할 겨를도 없이 오토바이를 고속도로 방향으로 잡고 달렸다. 마을로 돌아오면 20분 거리인데 고속도로로 가면 1~2분 거리였다. 달린 지 몇 초 지나지 않아 고속도로 고개를 넘는 순간이었다. 갑자기 맞은편에서 순찰차가 등장하더니 사이렌을 울리고 라이터를 번쩍이며 중앙선을 유턴하여 내 오토바이를 따라왔다. 순찰차가 드문 시절이라 하필 이 순간 마주칠 게 뭐냐 싶었다. 당시 경부고속도로 중앙분리대는 나무를 식재해 만들었었고 중간 중간 유턴할 수 있는 장소가 있었다. 멈출 수도 없는 상태여서 고속도로변으로 내려 농로로 도망가고 말았다.

그때부터 아주 큰 소동이 일었다. 내 주민등록번호와 신상이 탈탈 털렸고 군청과 지서(파출소)에서도 빨리 찾아 데리고 오라며 아주 난리가 났다고 한다. 그때 지서장이 "너는 나타나지 말고 내가 연락할 때까지 기다리라"고 말해주었다. 휴대전화가 없던 그 시절 초조한 시간을 보내며 연락이 오기를 기다리던 내 심정을 어찌 다 표현하랴. 지서장과는 나이 차이는 있었지만 경찰서장의 지서 방문 때 보고용 차트나 현황판 작성을 내가 도맡아 도와주기도 했고, 야간근무 때면 다방에 차 배달을 시키거나 야식을 만들어 함께 먹는 편안한 사이였다. 군청에서도 난리가 났다. 지서장이 백방으로 연락하여 고속도로 순찰대와 통화를 했고, 직접 만나 상황을 이야기하고 나를 선처해 달라 부탁했다. 다행히 같은 경찰 신분이라 부탁이 통했다. 지금 같으면 언론에 보도되고 입건되어 벌금을 받는 것은 기본이요, 공무원 신분상 무거운 징계를 받기에 충분한 행위였다. 이 엄청난 문제는 지서장님 덕분에 단숨에 그리고 너무나 깔끔하게 해결 되었다. 이미 고인 되신지 오래지만 늘 웃으며 따뜻하게 대해주었던 그분 얼굴이 떠오른다.

당시 나는 철없던 20대라 변명하기도 어려울 만큼 엉망진창의 혈기왕성한 청춘의 표본이었다. 자질구레한 사고는 자주 있었다. 물고기를 잡겠다고 강에다 농약을 풀었는데 한동안 기다려도 반응이 없어 농약을 더 부으니 작은 피라미 떼가 기절하여 여기저리 배를 드러냈다. 시간이 지날수록 조금 큰 물고기도 떠올랐다. 잡은 물고기를 들고 자취하는 직원 집에 모여 늦은 시간까지 매운탕 파티를 벌였다. 남녀직원과 총각 경찰도 함께 하여 뒤탈은 없었다.

사람은 누구나 과오의 본능이 있다지만 어처구니없는 일들을 벌이고 다니던 시절이었다.

좌충우돌 30대 철없던 시절

나는 그때까지 근무하면서 지각하거나 무단결근을 해본 기억이 없다. 그런 일은 상상조차 되지 않았다. 당직 때는 조금 일찍 일어나 사무실을 환기하고 바닥에 걸레질을 했다. 시간이 지나고 다른 부서로 이동했을 때에도 일상이 되어 멈추지 않았다. 작은 일이지만 한두 번에 그치지 않았으니 출근하는 직원들은 어제 당직자가 누구인지 단숨에 알 수밖에 없었다. 물론 평가를 받고자 한 것은 아니었다. 대체로 일찍 출근하는 편이라 사무실 문을 열면 담배를 피워보지 않은 나로서는 쾌쾌한 담배 냄새가 싫었고 출근할 때 쾌청한 분위기를 맞는 것이 좋아서 한 일이었다.

이처럼 대체로 성실한 사람으로 평가를 받았으나 세상 물정 모르는 어리석은 면도 많았다. 한번은 늦은 밤 친구에게서 가계수표 한 장을 빌려달라는 전화가 왔다. 가족이 갑자기 병원에 가야 한다는 것이었다. 그때는 신용카드도, 야간 출금 시스템도 없던 때라 현금이 없으면 가계수표가 유일한 거래수단이었다. 가계수표는 통상 사무실 서랍에 보관하니 집에는 없었다. 얼마나 급했으면 이 늦은 시간에 나에게 부탁을 할까하는 생각에 늦은 시간 사무실에 나가 가계수표를 발행해 주었다. 하지만 그는 밤마다 도박을 즐겼던 이였고 그 가계수표는 도박장에서 매일 다른 사람들의 손에서 손으로 돌고 돌았었다고 한다. 오랜 시간이 흐른 후 동참한 사람이 전해주어 나도 알게 되었던 일이다. 당시 직원들은 누구나 마이너스 통장 한 개 정도는 개설되어 있었다. 300만 원 내외의 마이너스 통장은 잔액이 없어도 한도까지는 현금이용이 가능했다. 그런 이유로 모두들 씀씀이가 클 수밖에 없는 것은 어쩌면 당연한 일인지도 모른다.

  당시는 모든 일을 제치고 우선적으로 만나고 동행했던 이들이 직장 동료였다. 퇴근해서 바로 헤어져 각자의 집으로 돌아가면 섭섭할 정도였다. 직장생활에서 인간관계가 좋은 사람으로 평가받는 유일한 방법이 함께하는 것이었지만, 그것은 핑계일 뿐 결국 모든 것은 내가 좋아서 한 일이 맞다.

인내심을 일깨워준 상사

　지금도 다를 바 없지만 대체로 경제적인 여유가 있는 직원이나 과장급은 대구에서 출퇴근하는 경우가 많았다. 자가운전 시절이 아니니 저녁 회식 때는 윗사람 모시기가 힘든 시절이었다. 특히 노래방 문화가 생겨나기 훨씬 전, 다수가 모이는 회관이나 가라오케 문화가 성행하던 시절이었으므로 노래 부르기를 즐기는 간부를 만나면 힘들 때가 많았다. 버스와 기차가 끊긴 지 오래이니 택시비 부담까지 모두 남은 직원들의 몫이 되었다. 그러다 보니 영천에 거주하면서, 원만한 상사를 만나는 것을 큰 복으로 여겼다.
　어느 날 "타 지역 출신이지만 영천에 거주하면서 자식들을 영천에서 공부시키는 사람이 영천을 사랑하는 사람이냐? 전 가족이 대구에 거주하고 고향이 영천인 사람이 영천을 사랑하느냐?" 하는 말을 동료와 함께 있는 자리에서 한 적이 있었다. 자주 만나 끼리끼리 친한 사이이니 안주 삼아 아무렇지도 않게 던진 말이었다. 저녁마다 퇴근 후 동고동락하는 허물없는 사이 이기도 하고, 대구로 나갈 형편이 못되는 나의 처지에 스스로 던지는 위안의 말이기도 했으며, 과 경비를 담당하는 입장에서 쪼들리는 살림살이의 하소연까지 섞어 편하게 했던 말인 것 같다. 그런데 그 말이 대구에서 출퇴근하는 영천 출신, 그 상사에게 전달되고 말았다. 누구의 고자질인지도 모르고 어찌보면 고자질이 아닐 수도 있다. 결국 내가 한 말이었고 내 생각이었으니 말이다.

거의 매일 과장 주재 계장 회의를 하는데 "허 계장은 영천사람인가? ○○사람인가?"하고 과장이 물었다. 그 물음에 마땅한 변명이나 대답할 분위기가 아니었다. 물음이 아니고 요즘 말로 공개적으로 골탕 먹이기 위한 갑질이었다. 이런 때는 변명보다 참는 것이 상책이었으므로 한동안 코너에 몰려 인내심을 키우는 힘들고 긴 시간을 보냈다.

한비자의 세난 편에는 군주에게 유세(遊說)할 때 주의할 것을 말해주는 문장이 있다. '용은 순한 짐승이다. 길들이면 사람이 올라타고 다닐 수도 있다. 그러나 목덜미에 한 자나 되는 거꾸로 난 비늘이 있으니 이것이 역린(逆鱗)이다. 만일 이것을 건드리는 자가 있으면 용은 반드시 그 사람을 죽여 버린다.'

임금인들 사생활이 없고 감추고 싶은 것이 없을까? 누구나 인생사, 가족사, 질병, 외모 등 한 가지 정도는 밝히길 꺼리는 역린이 있기 마련이다. 진실이고 사리에 맞는 말일지라도 듣는 사람이 그렇게 생각하지 않으면 난처해지거나 도리어 호되게 당할 수도 있다. 불경(不經)이 되고, 역린지화(逆鱗之禍)가 된다. 성경에는 혀는 지체 중에서 작지만 불이요, 길들일 사람이 없고 독이 가득하다는 구절이 있다. 말은 참 어렵다. 한번 뱉은 말은 누구도 다시 담을 수가 없다. 삼사일언(三思一言)에 앞서 역지사지(易地思之)를 먼저 생각하는 지혜가 필요한 것 같다.

너는 누구고?

당시는 직장에서 많은 시간을 보냈다. 직장에 대한 애착이라기보다 야근을 해야 하는 일들도 많았고 퇴근 후 마땅히 갈 곳이나 놀이문화도 없었기 때문이었다. 대구에라도 나가려면 비포장도로를 다니는 버스를 몇 번이나 갈아타야 하고 돌아오는 교통편도 없을 때였다. 퇴근 후에도 늦게까지 난로 앞에 둘러 앉아 하루 이야기를 하다 보면 시간 가는 줄 몰랐다. 톱밥 난로를 사이에 두고 둘러앉아 어묵을 삶으면 한 봉지만 넣어도 퉁퉁 불어서 찜통에 한가득 이었다. 주거니 받거니 하다보면 국물까지 다 마시고, 찜통 바닥을 보아야 일과가 끝이 났다.

그렇게 하루 일들을 떠들다 보면 전화 울림을 제때 듣지 못할 때가 있다. 행정 전화와 일반전화는 벨 소리가 달라 당직자는 행정 전화에는 신경을 많이 쓰지만, 일반전화는 당직실로 먼저 이동해 놓을 때도 있었다. 그러던 어느 날 면장실로 전화가 걸려왔다. 이동해 놓은 당직실 전화를 안 받으니 면장실로 전화를 한 것이었다. 전화를 받으니 대뜸 하는 말이 "누구고?"였다. 순간 매우 불쾌했다. 생각할 겨를도 없이 튀어나온 말이 "너는 누구고?" 였다. 그런데 곧바로 "면장인데!!" 라는 청천 벽력같은 답변이 왔다. "당직이 누구야! 왜 전화를 안 받아?" 쏟아지는 고성에 나는 묵묵부답일 수밖에 없었다. 당직이 누구였는지가 중요하지 않았다. 내가 당직이 아닌 것은 분명하나 벨 소리를 먼저 듣고 반사적으로 받은 것은 나였다. "너는 누구고?"라고 말한 것도 나였다. 면장님은 "시골 면 지역에서 면장실 전화번호를 아는 사람이 몇이나 될까? 면장실로 전화했으면 알아서 받았어야지!"라며 호통을 쳤다. 나도 참 생각이 짧았다고 생각했지만, 버스는 이미 떠났고 엎질러진 물이었다. 다른 한 직원과 함께 두 사람이 대표로 면사무소와 멀지 않은 면장 사택을 찾아가 사죄를 했다.

시간이 조금 지나 화가 풀려서인지 면장님께서 큰 화를 내시지 않으시고 차분하게 하시는 말씀이 "첫째, 내가 잘못이다. 전화를 안 받아 아무리 화가 나도 내가 면장이라고 먼저 밝히고 '네가 누구냐'고 물어야 했다. 그러나 너는 더 잘못이다. 상대가 누구든, 뭐라던 간에 '너는 누구고?'가 무슨 말이냐! 면장이 아니라 누구든지 간에, 전화 응대 방법이 그게 무어냐!"라고 꾸짖으셨다. 구구절절 맞는 말씀이라 변명할 수도 없었다. 당직도 아닌데 괜히 늦게까지 있다가 날벼락을 맞았구나 싶었다. 하지만 후회한들 때는 이미 늦었다. 다음 날 아침 직원들이 모두 알게 되었고, 직원회의 때 죽음의 날이라 생각하고 도살장에 끌려가는 소처럼 긴장했는데, 전날 밤 이야기를 끝으로 면장님은 끝내 이 이야기를 재론하지 않으셨다.

또 한 번은 이런 일이 있었다. 농번기에는 일요일 개념이 전혀 없다. 어느 일요일 오후 모내기 대책회의가 있었다. 온종일 무더위와 주민들과의 마찰로 몇몇 직원들은 얼굴이 벌겋게 술 먹은 상태로 보였고 하루 있었던 일을 설명하면서 목소리 톤도 높아졌다. 요즘 말로 고질 민원을 유발하는 사람을 지칭하면서 온종일 고생한 하소연을 했다. 조용히 이야기를 듣던 면장님은 두말없이 내일 아침에 회의하자며 대책회의를 끝냈다.

리더는 상황판단이 참 중요하다. 면장도 해보고 그때는 직제에도 없었던 시청 국장도 지냈었지만, 나였다면 어떻게 했을까? 물 만난 고기처럼 긴 훈시로도 모자라 재론까지 하지 않았을까? 그 분의 인품에 나를 비교하기는 어렵다는 생각이 든다. 고인이 되신 지 오래지만 사진 속 그분의 모습이 그리워진다. 그때 함께한 직원이 근무지 이동발령이 있을 때 남긴 사진이다. 면사무소 입구 정면에 있던 한자 일색의 도지사의 도정방침 구호가 이채롭다. '새 慶北 榮光의 前進' 군수 임용권이 도지사에게 있었으니 군수방침보다 도지사 도정방침이 우선하여 면사무소 정문에 게시 되었던 것 같다.

출산 억제 가족계획 사업

15명 정도의 면사무소 직원 외에 면장의 근무 통제를 받는 3명의 직원이 따로 있었다. 면사무소 안에 있으나 소속은 보건소였다. 모자보건, 결핵 관리, 가족계획 요원이다. 사업명만 들어도 시대를 개략 가늠할 수 있다. 다산인 시대이니 모자보건이 필요했고 국민 다수가 결핵에 노출되어 있으니 검사하고 투약하는 일을 했다. 그보다 먹을 것은 없는데 자식은 넘쳐나니 가족계획사업이 그 중 핵심 사업이었다.

나는 일찍 7급이 되어 군청 전입에 장벽이 높았다. 기득권의 저항으로 8급으로 강등하여 군청에 전입한 곳이 보건소였다. 행정직 직원은 유일하게 회계업무를 담당하는 나 혼자였다. 보건소는 가족계획 담당 부서가 따로 있고 가족계획협회 직원도 파견근무로 가족계획 목표를 정하여 추진하는 것이 마치 양곡 수매 목표달성을 위한 할당을 연상케 했다.

보건소 정례회의 때는 읍면별 가족계획 실적을 두고 힘들어하는 하소연이 많았다. 짓궂은 사람들이 많았다. 금방 시술할 것처럼 약속하고 병원 일정을 잡았는데 부인이 반대한다는 이유를 대며 골탕을 먹인다는 것이다.

피임약과 기구를 공급하는 것은 대상자를 방문하여 이루어지지만 남자를 대상으로 정관수술 최고의 실적을 올리는 곳이 예비군 훈련장이었다. 예비군 훈련장마다 찾아가 가족계획을 홍보하고 신청자는 그 훈련에서 면제시켰다. 특히 3~4일간 합숙하는 동원훈련도 면제해주니 가족계획은 보건사업뿐만 아니라 국가의 주요정책으로 국방부에서도 협력하는 사업이었다. 남아선호사상이 강하게 남아 있을 때라 부부간 상의 없이 정관수술을 하여 가정불화로 종종 사무실로 찾아오는 경우도 있었다.

그때의 가족계획 구호는 기관 게시판이나 공공장소 심지어 전봇대에도 반공 구호 표어와 나란히 붙여졌다.

'잘 키운 딸 하나 열 아들 안 부럽다.'

'아들딸 구별 말고 둘만 낳아 잘 기르자.'

가족계획 사업은 순식간에 정착되었다. 아이 셋을 데리고 다니는 엄마를 볼 때면 이상한 나라에서 온 사람처럼 쳐다보았다. 가장 큰 원인은 셋째부터는 의료보험 혜택이 없었다. 아픈 아이를 자부담으로 진료해야 하니 딸이 둘이라도 셋째 낳을 엄두를 내지 못하는 것이었다.

가족계획 담당 부서는 언제 없어졌는지 모르겠다. 40년 후 인구 증가 정책을 위하여 인구정책과를 신설하게 될 줄 누가 알았을까? 현재 영천에서도 3자녀 출산에 천만 원을 지원하고 있다. 가족계획에 목메던 같은 지붕 아래 그 사무실에서 이제는 인구 늘리기에 이토록 절박하게 목멜 줄이야!

배차가 능력

자가운전 시대인 지금은 상상이 안 될 수 있다. 당시 군청 내 승용이 가능한 차량은 문화 소외지역에 국정홍보 영화 상영을 위한 승합차, 새마을사업용 차량 등 몇 대밖에 없었다. 운전이 대단한 기술인 때였다. 그도 그럴 것이 차량이 자주 고장 났고, 비포장도로에서 펑크가 날 수도 있었으니 보통 운전기사가 고장 시에 스스로 정비까지 해야 해서 운전은 차별된 기술이었다. 배차된 차량의 운전기사에게 음료와 장갑 등 대접도 적절히 잘 해야 했다.

군수 주재의 간부 회의를 마치고 과장이 담당 면에 급하게 출장명령이라도 떨어지면 배차 전쟁이 벌어졌다. 부서에는 아예 차량이 없고, 시 전체에서 관리하는 관용차도 불과 몇 대밖에 없으니 먼저 배차가 되어 버리면 추가로 배정받기는 속수무책일 따름이었다. 부서간 협의나 행사 등은 7급 차석이, 가벼운 일은 8·9급 서무 담당자의 몫이었다. 서무가 대외관계가 좋은 소위 마당발이고 특히 총무와 회계부서 실무자와 유대관계가 좋아야 과 운영이 편하고 상사로부터 질책도 줄일 수 있었다.

군수 주재 간부 회의를 마치고 담당구역 면사무소에 급히 출장할 배차 요구가 있었으나 이미 배차 대기 차량은 없었다. 과장이 난리가 났다.
"배차가 되지 않으면 어떻게 하겠다는 대안을 제시해야 하지 않느냐?"
였다. 막말로 무슨 대안이 있었겠는가! '버스를 타고 가는 수밖에 없지요!'라고 속으로 생각만 했다. 만약 정말 그렇게 말했다면 지금까지 살아남아 있었을까?
"오늘 우리 과장님이 군수에게 심하게 깨진 날인가 보다!"
하며 하소연 할 밖에 다른 방도가 없었다.

30대 테니스에 미치다

나는 초등학교 입학하기 전부터 온 가족이 교회에 다녔고 고교시절에는 담임선생님으로부터 신학대학 진학을 끈질기게 강요받았던 기독교인이었다. 아내는 신학원에서 공부하고 어린아이를 가르치는 교회의 교사였다. 나 역시 사무실 당직이나 불가피한 일이 아니라면 일요일에 교회에 가지 않는다는 것을 상상조차 못하던 때였는데 30대 초반, 테니스에 푹 빠져 일요일 예배도 빼먹기 시작했다.

테니스장이 부족해 교육청에서 더부살이로 치다 보니 운동 후 솔질을 하여 깨끗하게 정비해줘야 하는 것은 기본이었고, 급기야 자기들이 사용하는 날에는 어김없이 밀려나는 오리 알 신세였다. 그런 이유로 십여 명이 새 테니스장을 만들자고 의기투합했다. 먼저 충혼탑 골짜기에 있는 시부지 사용 동의를 받기로 하고 그 지역 선거구 시의원에게 도움을 요청했다. 이후 기금 조성을 위해 십시일반 돈을 보탰고, 월 회비를 모은 적금 대출로 어렵사리 조성한 코트가 시민운동장 내에 있는 40년 역사의 '영화 테니스클럽'이다. 비록 소수였지만 테니스 코트를 만들자는 단결된 마음의 결과였다.

처음 조성한 테니스장은 바닥이 울퉁불퉁할 뿐만 아니라 수원지 밑에 위치하다 보니 배수에 문제가 있어 뒤쪽이 늘 젖어 있었다. 때문에 비가 올 때마다 시간에 맞춰 코트 로울링과 솔질을 하지 않으면 안 되었다. 또 거북등처럼 땅이 갈라져 때를 맞추어 소금을 뿌려주어야만 했다. 그러나 오두막이라도 내 집을 장만한 마음이 이런 것일까? 적은 회원이지만 일심동체의 심경으로 코트를 관리했다. 휴일에 비 예보가 있거나 날씨가 좋지 않으면 자다가도 몇 번이나 창문을 열고 날씨를 확인했다. 새벽 으스름에 나가 늦은 밤중에 귀가할 때도 있었다. 지금 생각하면 어떻게 그만큼이나 재미있었는지 모르겠다.

아내는 내가 테니스에 빠진 것이 늘 불만이었다. 당시 토요일은 오후 1시까지 근무하던 때라 테니스회 월례회를 일요일에 할 수밖에 없었다. 총무를 맡고 있으니 천막을 치고 솔질과 라인 설치, 점심뿐만 아니라 트로피와 상장 준비, 진행 등 매달 개최되는 월례회 준비로 정신이 없었다.

"주일 낮 예배를 못 가면 새벽기도라도 가야 하지 않겠느냐?"라고 말하는 아내에게 미안한 마음이 들어 평소에는 가지 않던 새벽기도를 월례회 때는 꼭 갔다. 주일 날 새벽기도를 가면 낮 예배는 안 가는 주일이 되었다. 허 집사가 새벽기도에 보이면 반가운 것이 아니라 담임목사의 가슴이 철렁한다는 말을 듣기도 했다. 새까만 얼굴로 땀범벅이 되어있는 월례회에 목사님과 집사님들이 심방으로 찾아와 회원들 보기에 민망하고 당황한 적도 있었다. 그만큼 테니스에 푹 빠져 지내던 시절이었다.

영화 테니스클럽과 별도로 직장 클럽인 시청 테니스클럽은 영천의

설립회원 중심의 1984년 8월 월례회

도지사배 도시군대항 테니스대회 이의근 지사와 함께

20여 개 클럽보다 회원 수나 기량이 우수했다. 코치 출신 직원이 두 사람이나 있었고 일 년에 한 번씩 간부공무원 의무 참석과 직급별로 팀을 구성하여 시군 대항, 1박 2일 도지사 배 테니스대회를 열었다. 경북도 내 시군을 순회하며 매년 개최하다보니 1박의 시간으로는 내일 삼수갑산(三水甲山)을 가더라도 하룻밤 즐기기에 부족했다. 이와 별도로 국회 테니스클럽과 도청 테니스클럽을 초청하여 친선교류 게임도 하고 국회와 도청을 방문하여 교환 친선대회도 가졌다.

　같은 운동을 취미로 모인 자리는 동질감으로 대화에 끝이 없었다. 왁자지껄하는 그 자체가 일심동체였다는 의미이다.

아들의 바나나 빵 선물

퇴근해 집에 오니 아내가 웃으면서 오늘 일어났던 일을 전해주었다. 하는 말이 나를 웃기기에도 충분했다.

초등학교 2학년인 아들이 땀을 훔치며 학교에서 뛰어와 어버이날 선물을 사 왔다고 자랑했단다. 처음 받은 어버이날 선물로, 어른 손가락 크기의 바나나 빵 5개였다. 아마 학교 앞 길거리 가게에서 산 모양이었다. 그런데 집에 가져올 때까지 무척 먹고 싶었던 것 같았다. 먹고 싶은 것을 참으며 다섯 개를 집까지는 가지고 왔는데 그 다음부터 마음이 변하기 시작했다는 것이다. 그럴 듯한 논리였다.

"우리 집 식구가 넷인데 다섯 개에서 한 개가 남고 내가 사 왔으니 내가 먹어도 되겠다. 다음은 네 개중 한 개는 내 것이니 내가 먹어도 된다. 오늘은 어버이날인데 누나는 어른이 아니라서 상관없으니 내가 먹어도 된다." 하며 단숨에 세 개를 먹었다는 것이다. 세 개는 모두 아들이 먹고 우리 부부가 한 개씩 어버이날 첫 선물을 받은 것이다. 손가락 크기의 바나나 빵이니 한꺼번에 혼자 다 먹어도 모자랄 텐데 얼마나 먹고 싶었을까? 집까지 가지고 온 것만으로도 장했다.

93년 대전엑스포 가족여행(아들 초등학교 2학년 때)

사진으로 보는 추억

당시는 사무실이 크건 작건 불문하고 공적인 사무실에는 기본으로 국기와 대통령 사진을 걸었다. 아래 사진 장소는 사회정화운동 영천군추진협의회 사무실 풍경이다. 왜 사회정화운동협의회 사무실에서 대통령 연말 선물을 전달했는지는 기억에 없다.

사회정화운동은 1980년 5월 17일 선포된 비상계엄 이후, 국가보위비상대책위원회가 군부대에 설치한 삼청교육대에 이어 제5공화국 출범의 정치적, 도덕적 정당성을 위해 만든 민간차원의 정신개혁운동이다. 사회정화운동을 위해 국무총리 산하 중앙행정기관으로 사회정화위원회를, 지역에는 추진위원회를 설치했고, 체제안정을 위해 부정부패, 무사

안일, 기밀누설 등을 이유로 공무원, 교수, 언론인, 대학생 등을 초법적으로 처벌하는 기구가 되었다. 1989년 폐지된 이후에는 민간조직으로 발족되었는데 그것이 지금의 바르게살기운동협의회다.

사진은 1985년 말 소년소녀가장에게 대통령이 연말 선물로 하사한 것을 군수가 전수하고 있는 장면이다. 군수에게 직접 전수하라는 지시가 내려왔고 이를 충실히 이행한 후에는 사진을 붙여 결과보고를 할 만큼 강력한 중앙집권 시대였다.

국기를 가운데 두고 태극기의 중심 아래에는 대통령 사진이 게시되었다. 좌로부터 선서 →1985년 시정(施政)방침 → 대통령 사진 → 국정 목표 → 내무부장관 방침 → 도정방침 → 군정방침 순으로 게시되고 있다. 전두환 정권 출범(제5공화국) 4년째인 1985년 4가지 국정 목표 중 첫 번째가 주는 의미는 무엇일까? 되짚어 볼 인상적인 내용이다. 비상계엄, 국가보위비상대책위원회, 간접 선거로 출범된 제5공화국 대통령의 국정운영 첫째 목표가 민주주의의 토착화(民主主義의 土着化)였는데 어떤 민주주의를 지향하려는 목표였을까?

80년대 중반의 사무실 풍경은 대체로 비슷했다. 철재 캐비닛과 목재

서류함, 책상도 원목이 아닌 합판으로 만들어진 목재 일색이었다. 계마다 1~2대 설치된 다이얼식 행정 전화는 기관 내에 있는 유일한 통신수단이었다. 일반전화는 모든 부서에 배치되는 것이 아니라 몇 개 부서에만 설치되었고 시외전화를 사용할 때는 용무에 따라 별도 절차가 요구되고 사용이 제한되었다. 공공요금 예산이 제한적이기 때문이었다.

모든 책상마다 비치되어있는 것은 재떨이였다. 여직원들이 아침마다 비우고 청소하는 것이 싫어도 싫은 표정도 싫다는 말도 못하던 시절이었다. 외부손님이 많은 부서의 사무실은 흡사 안개 속 같았다. 사무실 흡연이 무제한 허용되던 시대였기 때문이다.

제3부

희망의
불씨

교육 우수 금배지

좌충우돌하며 하루하루 닥치는 대로 살아도 작은 희망은 있었고 꺼지지 않은 도전의 불씨가 살아있었나 보다.

당시는 모든 공부(公簿)가 한자이고 상급기관의 지침 시달이나 공식보고서의 형식도 국한문을 혼용하던 시대였다. 그러나 나는 한자를 배운 적이 없었다. 당시가 한글 위주의 교육정책을 펴던 때라 중·고 6년 동안 한자는 공식과목에 없었으니 학습기회가 주어지지 않았던 것이다. 이대로 멈출 수 없다는 생각에 4급 을류(지금의 7급) 시험에 도전해 공부도 꽤 열심히 했고 합격의 꿈도 가졌다. 교재구성이 국한문 혼용으로 편성되어 한자를 모르면 공부의 이해도 일상 업무에도 어려움이 많았으니 국한문 교재를 공부하는 것은 한자를 익힐 소중한 기회도 되었다.

당시 공무원 교육 중 전 직원이 필수로 이수해야 하는 것이 새마을 교육으로, 합숙 훈련이었다. 군복과 유사한 훈련복으로 통일해 입고 동트기도 전에 구보와 체조, 애국가 제창으로 시작하는 정신교육이었다. 야간 점호도 있어, 요즘 군대보다도 더 엄격한 교육이었던 것 같다. 그에 반해 실무교육은 행정수행에 필요한 법 규정이나 실무 요령 중심이었다. 직급별로 묶어 실시하다 보니 도, 시·군, 읍면 직원을 동시에 통합하여 교육이 이루어지기도 했다. 교육성적은 승진 등 인사고과에 직접 반영되므로 해당 직원들은 눈에 불을 켜고 공부하게 된다. 이론교육과 실무교육을 병행하니 제한된 시간에 해야 할 과목은 많았다. 교육 성적 평가를 위해 세 번의 시험을 치렀다.

1978년 8월 무더위에 3주간 실무자 교육 차출을 받고 등록하니 좌석 배치가 이름의 가나다순이라 가장 뒷자리에 배정되어 있었다. 작은 키에 잘 보이지도 들리지도 않는 최악의 조건이었는데 교육성적 우수상을 받았다. 독학으로 4급 을류 시험공부를 한 것이 효과를 본 것 같다. 200여 명의 교육수료식에 단 세 사람에게 주어지는 교육성적 우수상이 시골 면사무소 직원에게 주어져 화제가 되었다. 아련한 기억으로 나머지 두 사람은 도청직원이었던 것 같다.

직원들은 "곧 군청으로 전입되겠다! 대단하다!" 칭찬했고, 나 역시 은근히 기대하는 마음이 들었지만 20대 초반인 그때 내가 할 수 있는 것은 기다리는 것 외에는 아무것도 없었다. 기회는 소문에 그치고 말았지만 퇴직 후 받은 홍조근정훈장보다 더 값진 것이 1978년 교육 우수상 부상으로 받은 금배지이다. 평생 처음 내 소유가 된 금이었다.

역시 금은 금인가 보다. 42년이 지났는데 그 색이 변하지 않고 있다.

화랑반 교육

옛날이나 지금이나 변하지 않는 것이 인간관계이다. 형성된 씨족, 학연, 지연, 정치적 인맥이 있으면 여러모로 도움이 된다. 나로서는 혈혈단신, 나 홀로 노력한 것이 전부이다.

경상북도는 신라 화랑정신을 이어받는 엘리트 양성과정으로 공무원 화랑반 교육제도가 있었다. 당시는 행정구역 통합 전이라 경상북도에는 34개 시·군이 있었다. 7급 공무원 중 35세 이하를 대상으로 시군에서 자체 선발로 복수 추천하고 경상북도가 시행하는 선발시험과 면접을 거쳐 교육대상자가 확정됐다. 34개 시군 당 한 사람씩 3개월 합숙하는 정예반 과정으로 교육성적 우수자는 교육수료와 동시에 경북도청에 전입되는 특혜도 주어졌다.

당시는 토요일 오후 1시까지 근무할 때인데 금요일 교육을 마치면 토요일은 하루 종일 자유시간이라는 특별혜택이 주어졌다. 그래서 모두들 금요일은 서둘러 각자의 집으로 돌아갔는데 울릉도에서 온 직원은 일요일 저녁 교육원 입소시간에 맞춰 귀소할 수 없으니 길게는 3개월 동안이나 집에 갈 수가 없었다. 마침 그 직원이 테니스를 친다는 이야기

화랑반 교육 동기생 산업시찰

를 듣고 몇 번 영천으로 함께 와서 테니스도 치고 같이 지내다가 교육원으로 함께 입소하곤 했다. 가끔 연락은 하고 있었으나 한동안 뜸하다가, 도청의 울릉도 주재관으로 근무하다 승진이 되어 울릉군 과장으로 가게 되었다며 자기가 있는 동안 가족들과 꼭 한번 울릉도를 방문해 달라는 요청을 해왔다. 그래서 아내와 2박 3일간의 일정으로 울릉도로 향했다. 그는 너무나 반갑게 우리를 맞아주었고 자신의 갤로퍼 승용차로 울릉도 일주 안내를 하는 등 후한 대접을 해주었다. 시간이 많이 흘렀지만, 30여 명 모두 집으로 떠나고 혼자 남아 숙소를 지키고 있을 때 함께 해줬던 오래전의 일이 두고두고 고마웠다는 말을 아끼지 않았다. 같은 운동을 취미로 가지고 있어서 함께 운동하며 지낸 것이 전부인데 싶어 그의 환대가 나 역시 무척 고마웠다.

　34개 시·군에 한 사람이라도 인적 네트워크가 있다는 것은 대단한 위력이었다. 경북 도내 어느 지역의 정보를 얻으려할 때 전화라도 할 수 있는 대상이 있으니 말이다. 당시 내무부, 총리실 등 중앙부처로 영전된 이들도 있어 그들이 지역에 오면 꼭 화랑반 교육 동기생을 찾았다. 물론 자신의 존재감을 나타내기 위해 기관장실에 와서 찾기도 한다.

　이런 인연이 크게 도움이 된 때가 있었다. 인사계장 재임 시 구조조정으로 힘들어 증원이 매우 어려운 때 도움을 받기도 했고, 총리실 불시 복무 감사반으로 출장 나온 동기가 교육청 당직실의 화투도박 현장을 적발하였으나 영천에 있는 나를 보아 현장 훈방으로 무마된 일도 있었다. 이처럼 한 뼘의 안면으로 이루어진 인간관계가 큰 위력을 발휘했.

　35년 전 빛바랜 800여 쪽의 화랑반 교재가 당시의 기억을 새롭게 한다.

가족보다 진한 동료애와 첫 내 집

직장 동료가 가족보다 친하다면 이해할 수 있을까?
당시는 시간외근무 수당 제도나 연가 보상도 없고 급식을 위한 예산도 없는데 야근은 요즘보다 많았다. 주말 오후나 공휴일에도 산불이나 영농지원을 위한 동원 대다수가 과(課) 중심이고, 읍면지역 출장도 함께 가야하니 가족보다 많은 시간을 붙어산다 해도 틀린 말이 아니다. 거기다 좋은 일 궂은일이 있을 때마다 2차도 과 또는 계 단위로 모인다. 서로가 너무 잘 알다 보니 프라이버시도 특별히 없다. 자가운전시대가 아니다 보니 늦으면 동료 집에 하룻밤 신세지고 다음 날 양말을 나누어 갈아 신고 출근하는 것은 흠도 아니었다.

월세에서 전세로 옮기고, 마침내 전세도 벗어나 절반의 대출을 승계한 생애 첫 내 집을 마련했다. 40평이 안 되는 대지에 그래도 방 두 개와 부엌, 작은 마당이 있었고 자취생을 들일 방 한 개가 따로 있었다. 남의 집에 늦게 들어가는 부담이 사라지니 진정한 자유가 생겼다. 또 셋방살이에서 셋방을 주는 위치로 신분이 급상승되었다.

친가와 처가 친척, 사무실 직원, 동기회, 친구, 테니스 모임 등등 집들

46년은 길지 않았다 87

이를 몇 번 했는지 기억도 나지 않는다. 아무리 떠들어도 나무랄 사람이 없으니 좋았다. 사무실에서 멀지 않은 곳이니 늦은 시간 직원들이 쳐들어오는 일도 빈번했다. 그만큼 인정이 살아있었다. 물론 현대사회가 인정도 동료애도 없다는 것은 아니다. 시대의 흐름이 달랐다는 말이다.

관내 20여 세대의 소년소녀가장 지원업무를 담당할 때였다. 다수가 조손가정이었다. 어떤 이유에서든 부모님이 안 계시면 초·중·고 학생이 가장이다. 늙으신 할머니가 계시거나 그렇지 않으면 학생 가장인 것이다. 당시 지원이라야 기껏 일정 기간에 생활보조금을 지급하고 명절이나 특별선물 그리고 후원자 결연을 통한 결연지원 정도였다. 복지업무는 5년 정도의 짧은 기간을 담당하였는데 평생을 복지업무에 종사한 선배공무원을 가까이에서 지켜보게 된 계기가 되었다.

그 선배공무원은 초·중등학생 4남매와 할머니가 함께 사는 소년소녀가장 세대를 돌보며 어머니 역할을 자처하고 있었다. 처음에는 그들의 넉넉지 않은 생활을 보고 안타까운 마음에 그저 조금 도와주겠거니 했는데, 아이들이 상급학교 진학할 때 등록금도 대주고, 시집장가 보낼 때는 엄마의 역할도 해주었다. 물론 담당 업무와는 상관없는 개인 후원이었다. 40년이 훨씬 지난 지금, 아이들은 다 장성해서 그를 엄마 대신 이모라고 부른다. 장남은 훌륭한 한의사로 한의원을 개업했고, 다른 남매들도 모두 제 분야에서 잘 살아가고 있다. 시골의 초·중등학생 소년소녀가장이 성장하여 가정을 이루고 독립할 때까지 30년의 긴 세월을 정성으로 돌보며 지원하는 그 선배를 보며 참 대단하신 분이라는 생각을 했고, 늘 존경하는 마음을 가지고 있었다. 퇴임을 앞두고 사회복지사를 시작한 것도 그때 영향을 받지 않았나 싶다.

　작은 집 하나 장만했을 뿐인데, 늦게 귀가해 주인집 눈치 안 봐도 되니 무엇보다 좋았다. 아이들이 초등학생이던 때라 학부 부담이 없으니 자유분방하게 생각한 대로 살았다. 함께하는 사람이 좋았고, 기회만 되면 밖이나 집에서 함께 모여 먹고 즐겼다. 북적대는 집안 분위기 자체를 즐기던 내 젊은 날의 전성기였다는 생각이 든다.

도정발전 논문공모 우수상

지금처럼 전자문서가 보급되지 않은 때라 관보(官報)관청이나 공공기관의 명령, 사령 그 밖에 일반에게 널리 알릴 사항을 발행하는 인쇄물나 지시사항, 상급기관의 열람공문은 별도로 전 직원에게 공람하도록 했다. 공람 문서에서 '경상북도가 처음 기획한, 지방화 시대 연구하는 공직 분위기를 확산하고 참신한 아이디어를 발굴하기 위하여『공무원 도정발전논문』을 1997년 8월 28일부터 11월 25일까지(3개월) 현상 공모한다.'는 내용이 눈에 띄었다.

'나도 한번 해볼까? 할 수 있을까?'하는 의문은 있었으나 '개인별로 제출하는 것이고, 당선이 되지 않더라도 공모한 것 자체를 아무도 모르니 부끄러울 것도 없다. 시도해보자.'하는 생각이 들었다. 기획감사담당관실은 기획, 정책개발, 예산, 감사, 전산 업무가 같이 있었다. 공모한 논문의 주요 요지는 대략 이런 내용이었다.

21C를 대비한 세계화, 정보화, 행정 전산화를 주장하기는 하였으나 현실을 보면 구호에 그치고 있다. 영천시의 5~6급 225명 중 1997년 한 해 동안 전산 관련 교육이수자가 고작 8명이었다. 이러한 현실을 극복하자는 내용으로 논문 주제를 「행정 전산화 촉진방안 연구」로 했다. 급

격한 행정변화에 신속히 대처하여야 할 과제임에도 소수 직렬인 전산직의 요구에 정책적인 배분이 미미한 것을 보아왔었기 때문이다. 정책적인 업무의 결정 여부는 최고 관리자나 영향력 있는 중간관리자의 사고가 절대적으로 중요하다. 만약 정책 결정에 영향력 있는 윗사람이 컴맹이라면 예산에 반영되기 어렵다는 말이다. 1997년 행정 전산화의 예산은 일반회계 예산의 0.2%인 310만원 이었다. 지방자치단체의 최고지도자와 중간관리자의 전산 활용 실태를 분석하고 앞서가는 통신공사는 1991~1995년 자체 사규를 개정하여 전 직원의 전산 교육 의무 이수로 전산 능력을 배양하는 것을 보았다. 이러한 사례를 공무원에게도 신속히 접목하여 전산 능력평가 검증제도 도입이 필요하며 특히, 5급 사무관 승진 교육과정에 필수교육으로 포함해 일선의 중간관리자와 초급관리자가 되고자 하는 공무원이 스스로 전산 능력을 갖추는 동기부여를 하게 될 것을 제안하였다.

지방에서 사무관을 공무원의 꽃이라 한다. 사무관 승진과정에 전산활용능력 과정을 필수 이수과정으로 넣는다면 중간관리자의 전산화 열기뿐만 아니라 행정 전산화의 급속한 확산은 말할 것도 없다. 당시 6급 계장 중 문서작성 정도의 전산을 하지 못하는 사람이 더 많던 시대였으니 이러한 제안이 충격일 수도 있었다.

6편의 당선작 중 우수상을 받았고 수상 논문을 도정시책기초로 활용할 것을 권장하는 공문과 함께 당선작을 묶어 책자로 발간해 도 본청 전 부서와 시·군에 배포되었다.

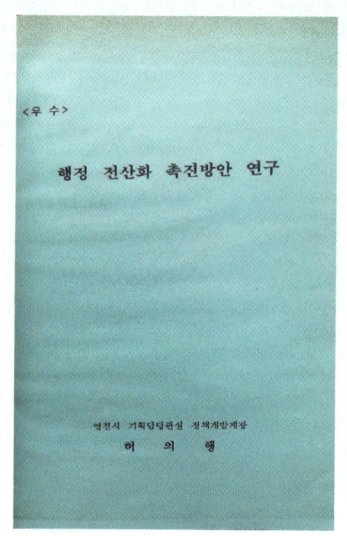
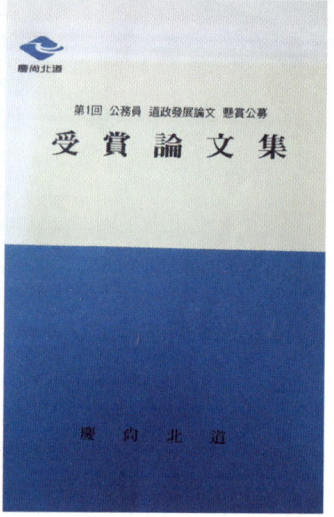

신지식 공무원 선정

민선이 시작되면서 정체된 공직 조직의 분위기를 쇄신하고 시민 서비스 질 향상에 시선을 돌리게 되었다. 그러한 맥락에서 공무원의 자기 계발과 동기부여를 위한 방안으로 신지식 공무원 선발제도가 있었다. 공무원은 연구원처럼 혼자 이루는 조직이 아니므로 탁월한 성과를 내기는 어렵다. 다만 직무수행에 작은 차이를 인정하면 다수 직원에게 동기부여의 기회가 될 수는 있다.

'신지식 공무원'은 부서별 한 사람씩 추천하여 선발하는 과정이었다. 담담 업무이기도 했지만 몇 가지 시책을 시행한 것이 큰 성과로 돌아왔다. 호적부의 세부 기재를 보면 '신녕면 00동 00번지에서 출생'으로 '신녕'으로 되어 있는데 호적증명 발급은 '신령면장'으로 표기되어 '신녕'과 '신령'이 혼용되어 사용되고 있었다. 한자는 「寧」 자 인데 한글이 ㄴ과 ㄹ로 혼용 표기되는 사례였다. 관내 기관단체나 공공기관의 기관 입간판 표기조차 '녕' '령'을 혼용하여 사용하고 있어서 당시 한글학회에 서면 질의하고 회시를 받아 '녕'으로 통일시켰다. 아직도 운전하다 보면 도로 표지판의 설치기관에 따라 혼용되고 있는 것을 보게 되는데 그때 일이 새롭게 기억되기도 하고, 아쉬움도 남는다.

그 외 상주대학교 산업체 유치와 자기 계발 동기부여를 위한 보직자 연구 보고제, 수의계약 제도 등 불합리한 시정을 개선하는 시책개발의 사례들이 '신지식 공무원' 선정에 영향을 주었던 것 같다.

영천시 신지식 공무원 임용환·허의행씨 선정

영천시는 2일 시보건소에 임용환 의무과장과 본청 총무과 허의행 시정담당을 영천시의 신지식공무원으로 선정해 표창했다.

경북대의대를 졸업한 임 과장은 95년부터 전문직의사로 영천시보건소에서 근무해 오면서 가정의료사업과 성인병관리를 위한 관리카드를 작성해 업무능률을 향상시켰고, 이질 등 법정전염병환자를 관리하는 프로그램을 개발했다.

임 과장은 또 인터넷에 보건소 소개, 진료 및 민원안내, 보건교육자료, 의료상담실, 보건직원 업무추진 내용을 담은 보건소홈페이지를 개설하는 등 주민보건증진과 효율적인 업무추진에 많은 기여를 하고 있다.

허의행 시정담당은 국립상주대학 영천시청캠퍼스개설, 보직자 연구보고제도 고안, 보고서모음집 발간 등 행정능률 향상에 힘써왔다.

허 담당은 시설공사 수의계약 개선방안도 마련했으며, '신녕'과 '신령'으로 혼용표기 돼왔던 지역명을 '신녕'으로 통일하도록 했다. 허 담당은 경북도의 제1회 도정발전자문 공모에 '행정전산화 촉진방안 연구'를 응모, 우수상을 받기도 했다.

/서종일기자 jiseo@yeongnam.com.

임용환씨

허의행씨

늦깎이 7년의 주경야독

　대구 근교의 대학에서 대학 편입이 좌절되어 실망하던 차에, 마침 도청에서 상주대학교와 산업체 위탁 교육을 1년 전부터 시행하고 있다는 것을 매개로 무작정 상주대학교를 찾아갔다. 계장 명함을 들고 총장에게 면담을 신청한 것은 무모한 시도였으나 영천 인근 대학교의 무관심과는 달리 김철수 총장님께서는 나를 반갑게 맞이해 주셨다.

　영천시청 직원 100여 명이 전문대학 과정을 마치고 4년제로 편입하여 계속 공부하고 싶다는 뜻을 전하니 총장님은 그 자리에서 적극적으로 검토하겠다는 답변을 주었다. 기쁜 마음을 안고 돌아온 지 며칠 지나지 않아 실무 교수를 보내 자세한 내용을 검토하였으며, 산업경제학과를 신설하고 과의 특성을 훼손하지 않는 범위 내에서 편입 희망 직원들의 요구 과목도 추가로 편성해주는 배려도 아끼지 않았다. 궁하면 통한다는 말은 이럴 때 쓰는 말인 것 같았다.

　2년간의 학업은 멀리서 출강하는 분들이 힘들었지언정 나에게는 큰 어려움이 없었다. 그러나 졸업시험이 부담이었다. 담당 교수도 부담을 많이 주었고 특히 전공과 영어시험은 정말 힘들었다. 대표를 맡은 나는

이의근 경상북도지사 표창

 탈락자 없이 모두 함께 졸업을 해야 한다는 의무감도 컸다. 졸업시험 준비를 위해 퇴근 후 상주까지 가서 예상문제를 받아 새벽에 오다가 졸음운전으로 큰 사고가 날 뻔 하기도 했다. 지금처럼 고속도로가 있는 것도 아니고 꼬불꼬불 지방도로를 졸며 운전했으니 위험천만한 일이었다.
 그렇게 최종 23명이 졸업하였고 그 후 대학원과 박사학위까지 취득하신 몇 분은 잠재력을 일깨워 대학 강의나 현업에서 왕성한 활동을 펼치고 계신다. 나는 4년간 대표를 맡아 어려움도 많았지만 공무원의 자기계발을 위한 동기부여의 역할을 했다는 자긍심도 컸다. 그러나 가족들에게는 평일 늦은 귀가에 토요일도 없는 무심한 아버지로, 가장으로서는 늘 낙제 점수가 아니었나 생각된다.

상주대학교 영천캠퍼스 현판식(김철수총장,정재균시장)

4년간의 야간대학을 마치고 한 해를 쉰 다음해에 대학원 진학을 준비했다. 5급 이상은 무시험이나 당시 6급인 나로서는 시험을 치러야 했다. 야간대학원은 주간 대학 강의실을 그대로 사용하는데 첫날 강의실에 들어가는 순간, 정말 크게 실망하게 되었다. 그래도 경북대학교는 지방에서는 인정받는 대학이 아닌가! 어렵게 학비를 마련하여 자녀를 대학에 보내는 학부모가 만약 이 강의실을 본다면 기절하는 사람도 있으리라는 생각이 들었다. 그들만의 생활양식이고 문화나 가치라고 말할 수 있을 지는 몰라도 내 눈에는 무질서 그 자체였다. 강의실에 먹고 버려진 음료수 캔과 나뒹구는 강의실 의자, 야외 벤치 주변 곳곳에 깨어진 술병 조각에 당황한 것도 잠시, 어느새 그 모습에 적응되어 가고 있었다.

업무 사정이나 상사 눈치를 보다 보면 강의시간을 맞추기가 쉽지 않았다. 늦을 때가 많아 저녁은 건너뛰기가 다반사였고 어쩌다 조금 일찍 가는 날이면 딸보다 훨씬 어린 스무 살짜리 학생들과 같이 줄을 서서 1천7백 원짜리 밥을 사 먹을 때도 있었다. 처음에는 어색했지만 익숙해지는데 오랜 시간이 걸리지 않았다.

중간고사나 기말고사가 있는 날이면 혹시나 늦을까 노심초사하며 1588-2504 고속도로 교통안내 방송을 청취하며 갔다. 샐리의 법칙이 통했으면 좋으련만 머피의 법칙이 적용된 건지 빨리 가겠다고 고속도로를 택했는데 정체가 심해 시간이 더 걸릴 때도 많았다. 특히 고속도로 출구나 복현동 오거리가 자주 정체되었는데 마음은 급한데 차 안에서 긴 시간을 보내야 할 때면 짜증이 났지만 달리 방법이 없었다.

주관식 시험을 치르던 어느 날 시험장에 들어가니 시험시간이 절반이나 지나, 담당 교수의 시선이 곱지 않았다. 석사학위를 위한 논문심사는 젊은 새내기 교수가 했다. 동급생 몇 사람은 학위논문을 포기하고 수료로 만족할 만큼 심사가 엄격했다. 논문준비를 할 때는 의회 전문위원으로 근무할 때라 의회가 비회기인 중에는 비교적 시간적 여유가 있어 졸업논문 준비에 도움이 되었다

2003년 8월 25일 경북대학교 석사학위 수여식에 어머님을 모시게 되었다. 씌워드린 학위모에는 속내를 말할 수 없는 마음이 섞여 있었다. "어렵게 중학교를 보내 주셔서 경북대학교 석사학위를 받게 되었습니다. 구정물을 잡수시고도 야단치지 않으신 어머님 죄송합니다. 감사합니다."

초등학교를 졸업하고 줄곧 고향을 지키며 농사를 짓고 있는 친구들이

영천에 같이 있는 친구 중 대학원 졸업은 처음이라고 십시일반 돈을 모아서 행운의 열쇠를 만들어 학위수여식에 참석해 주었다. 나와 생애를 같이 같이할 그 친구들의 선물이 그 어떤 선물보다 값졌다. 지금도 늘 만나는 초등학교 그 친구들의 따뜻한 마음이 정말 고맙다.

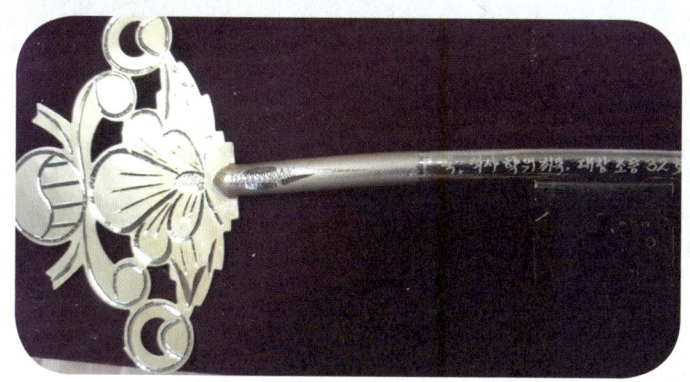

고향을 지키는 초등학교 동기 친구들의 졸업선물(행운의 열쇠)

2003. 8. 학위 수여식에 참석해 준 초등 동기들

제4부

시련의 고비와 보람

잊지 못할 사건

　당시 담당업무가 지역경제과 상공운수계장이었다. 공장창업, 인허가 관리, 주유소 가스, 자동차 운수사업 등 담당업무로 민원이 폭주하는 격무부서였다.
　1980년대 이후 경기 호황과 1990년대 부동산 급등으로 토지거래 허가제가 시행되었다. 농지는 농민이라야 살 수 있고 목적에 적합한 허가가 선행되어야 토지를 거래할 수 있었다. 당시 섬유업종의 경기가 좋던 때라 대구권에서 공장을 임대하여 경영하거나 소규모 공장주들이 사업장을 확장하거나 독립하기 위해 영천으로 많이 몰려왔던 시기였다. 그런데 이전하려는 주 업종이 연사실을 몇 겹으로 꼬는 공정의 섬유업종로 24시간 가동하기 때문에 마을과 가까운 곳에는 소음이 가장 큰 문제가 되었다. 또 처음부터 상담과 검토를 받은 후 공장용지를 사면 좋으련만 대다수 부동산 업자나 공장주들은 토지 매매를 한 후 허가신청을 하는 경우가 많았다.
　한 공장주가 마을에 인접한 토지를 먼저 매입한 후 마을에서 반대하니 도와 달라며 애원했다. 민원을 해결하기 위해 마을 회의를 개최했는데 반대가 만만찮았다. 지나친 요구가 아니었다. 여름에는 모두 문을 열어 놓고 자는데, 밤에는 낮보다 더 소리가 시끄럽다는 주민들의 말이 틀리지 않았다. 또 법정 허용치 범위 안이라고 하지만 마을이 먼저 생겼으니 소음 발생 공장이 들어오는 것을 반대할 권리가 있었다. 그러나 일은 더욱 복잡했다. 그 마을 사람이 공장 용지로 땅을 팔았고 마을 대표자들이 업주와 암묵적 약속을 했던 것이다. 그에 반해 마을주민들은 강력한 반대를 하고 나섰던 터였다.

그러다 담당 계장인 나의 태도가 문제가 되었다. 주민 회의를 소집하고 적극적으로 주민을 설득한 것이 화근이 되어 공무원이 업자와 유착하고 있다는 구설수가 되었다. "집안이 가난하여 초등학교를 졸업하고, 섬유공장에 20여 년 종사하여, 몇 년 전부터 임대공장을 하는데 임대공장이 뜯기게 되어, 평생소원인 내 공장 한번 지으려 하니 도와 달라."고 주민들 앞에서 꿇어 앉아 울먹이는 것을 보고 이성적 판단에 앞서 인정에 약한 모습을 보였던 것이다. 금방이라도 멈출 것 같은 찌그러진 봉고차를 타고 두 사람이 매일 와서 마을주민을 설득이라기보다 사정을 하여 주민들도 어느 정도 수긍하는 분위기로 바뀌었으므로 합의된 조건을 부여하여 허가를 했다.

그런데 허가 후부터 서서히 변하기 시작했다. 약속한 담장 높이보다 낮게 시공을 하고 창문 폐쇄나 방음 조치 방안 약속을 지키지 않아 민원은 더욱 증폭되었다. 이 모두는 고스란히 행정의 몫이 되고 말았다. 나중에 안 일이지만 처음부터 계획된 사기행각이었다. 찌그러진 봉고차는 대구에서 오는 금호 인근 도로변에 고정 배치해 두었다가 타고 온 그렌져 승용차와 바꾸어 타는 사기행각을 하면서 마을주민과 공무원에게 연극을 했던 것이었다.

"최○○ 사장님! 지금은 어떻게 살고 계시는가요? 그때처럼 여전하신가요?"

시련은 이어졌다. 1995년 시·군 행정구역 통합 계획이 발표되었다. 엎친데 덮친 격으로 1994년 여름 장기간 창업업무를 담당하던 실무자가 컨설팅 사업을 해야겠다고 사표를 냈다. 이미 사무실 임대와 장비를 준비한 상태라 만류할 여건이 아니었다. 정기인사 시기도 아니고 행정구역 통합으로 어수선한 시기라 충원도 없고 창업업무는 여러 종류의 법적 검토가 요구되는 전문성이 있어야 하는데 달리 맡길 직원도 없었다.

행정구역이 통합되면 창업 허가가 더 까다로울 것이라는 막연한 우려 때문에 창업 민원서류는 폭발적으로 증가했다. 허가부터 받아놓고 보자는 식으로 상담 없이 서류가 미비 된 상태로 민원실에 접수부터 해버리는 사람도 있었다. 새로운 공장 신설은 5~10개 부서의 검토와 협의를 거쳐야 하고, 처리기한이 길며 조건들이 까다로워 새로운 직원에게 맡긴다 해도 상당한 시일이 요구되었다. 실무자 없이 6개월 동안 창업 업무를 직접 처리할 수밖에 없었다.

부지 인근 주민들의 반대 민원에 부닥치는 등 예상외의 문제들이 수시로 발생했다. 실무자가 없으면 윗사람이라도 관심과 지원이 있어야 하는데 시군통합을 눈앞에 두고 누구 할 것 없이 흠이 될까봐 적극적이지 않았다. 시군이 통합된 후에도 미결서류로 한동안 곤혹을 감내해야 했다. 흠집은 났지만 깜깜한 긴 터널을 무사히 지나왔다.

그것이 전부가 아니었다. 지금도 그렇지만 사실상 대구에 본 사무실을 운영하면서 인근 시·군에 주소만 옮겨 둔 건설면허업체들이 많았다. 주소만 옮겨 둔 폐기물 업체와 지역 업체 간 수주 경쟁으로 빚어진 고발, 운수사업 업체 간 갈등 문제를 민원으로 제기한 사건 등 기억하기 싫은 일들이 많았던 시기였다.

시·군 행정구역 분리와 통합

1981년 영천군이 시·군으로 분리되던 때, 영천시는 영천읍과 면 지역 일부를 편입하게 되었다. 대구와 인천이 광역시로 승격되면서 전국의 많은 읍이 시로 승격되던 때였다. 시 승격은 인구 5만 이상이어야 하는 조건이었으나 그동안 요건이 되어도 내무부가 쉽게 승격시켜주지 않은 측면도 있었다. 박정희 대통령의 궐위로 국민 정서와 맞지 않은 상황에서 출범한 전두환 정부가 민심 수습과 국민시선 돌리기 차원에서 정무적 판단을 한 것이 도시의 승격이었다. 대구와 인천이 광역시로 승격되는 것을 필두로 역대 최대의 시 승격이 이어졌고 이로 인해 전국이 축제 분위기에 휩싸였다.

시 승격으로 행적조직이 크게 확대되다 보니 경상북도 오지 지역에서 근무하던 지자체 공무원이 대구 근교인 영천시로 많이 전입되었다. 영천시청 직원이 되겠다는 기대에 부풀었던 읍 직원의 상당수는 신설 동사무소로 배치되었고 인근 군 지역에서 전입된 직원이 본청으로 배치되는 상황이 벌어졌다. 명분은 지역 실정을 잘 아는 사람이 일선에 있어야 한다는 논리였으나 실상 보이지 않는 힘의 작용이었다.

기존 직원과 전입 직원간의 갈등이나 경쟁은 당연할 수밖에 없었다. 나 역시 영천시 전입 신청을 해보았지만 보내주지도 받아주지도 않았다. 나로서는 특별히 관리해 줄 사람도, 보이지 않는 손도 없는 그야말로 경쟁에는 태부족한 조건이었으니 뻔한 결과였다. 나에게는 특별히 관리해 줄 사람도, 보이지 않는 손도 없었으니 말이다.

이렇게 영천군이 시군으로 분리된 지 14년 만인 1995년 다시 행정구역통합으로 영천시가 되었다. 비슷한 두 개 부서를 하나로 통합하고 시내 9개 동을 5개 동으로 축소하니 보직자 전부가 이동대상이 되고 일부는 무보직자로 남을 수밖에 없었다.

어수선한 분위기는 계속되었다. 시·군 통합 6개월, 아직 조직과 인력이 안정화되기도 전에 다시 민선 지자체장 체제가 되었다. 현직 시장 군수는 부시장 부군수로 강등이 된 셈이고 별정직 동장 출신의 무소속 시장이 당선되어 민선 시대가 열렸다.

생활권이 같은 시군을 통합한 것은 대단히 잘 한 정책이었다. 이제는 시군을 넘어 동일 지역권을 통합하여야 하는 때가 된 것 같다. 교통통신의 발달에서 IT, 빅데이터 시대에 생활민원 외에는 지역적인 장벽은 많지 않다. 아울러 인구의 급격한 감소가 지속되고 있는 현실을 고려하면 지역 간 대통합이 필요하다. 특히 영호남 등 기존 광역단체의 구역까지도 조정 통합하여 국민대통합이 되었으면 좋겠다.

2020년 6월 행정안전부 통계자료를 보면 광역단체의 구를 제외한 전국 도시별 인구 순위를 보면 162개 도시 중 인구 5만에 미달하는 지방자치단체가 50개 단체로 전체도시의 3분의1에 가깝고 급속 적으로 늘어날 것으로 전망된다.

　지금이야말로 저비용 고효율 국가운영을 위한 행정구역의 과감한 통합에 국민적 합의가 요구되는 때다. 이러한 시대적 요청에 발맞추어 최근 대구 경북의 행정통합이 민간부문까지 공론화되고 있는 것은 대단히 고무적이라 생각한다. 이러한 분위기가 확산되어 광주 전남도 통합의 당위성에 다시 불을 지피고 있다. 지역경계를 넘는 대통합의 역사로 행정의 효율화와 국민적 변화의 기회가 되었으면 좋겠다.

공무원 구조조정

공무원을 칭하여 철밥통이니 복지부동이니 하고 꼬집는 기사가 언론에 가끔 회자된다. 민간기업도 아닌 공무원이 무슨 구조조정이냐고 반문할 수 있다. 전두환 정권 출범 이후, 민심을 수습하고 시선을 돌리기 위해 대구시와 인천시를 광역시로 승격하고 영천을 비롯한 전국 10개 지역의 읍이 시로 승격하였다. 공무원 수는 당연히 증가하였고 노태우 정부 시절에는 공무원 수88년 32,172명, 89년 44121명, 90년 36,775명, 91년 35961명가 유래없이 늘었다. 김영삼 정부는 공무원 수를 가급적 축소하겠다고 했지만 뜻을 이루지 못하고 '86아시안게임', '88서울올림픽' 등 일시적 행정 수요가 종료 되었음에도 늘어난 정원을 줄이지 못했다. 지방자치단체의 공무원도 1982년 이후 연평균 4.6% 증가하여 공무원 1인당 주민 수가 232명에서 160명으로 줄어들었다.

'88서울올림픽'의 성공적인 개최로 국제적인 위상이 높아지고 1996년 OECD(경제협력개발기구) 가입에 국외여행 자유화와 지구촌 세계화를 부르짖는 사이, 우리 경제는 IMF 구제금융이라는 소용돌이에 빠졌다. 이러한 환경에서 출범한 국민의 정부(김대중)는 금융·기업·노동·공공부문의 4대 개혁을 추진하였다.

　그중 공공부문의 개혁은 중앙정부부터 지방자치단체, 공기업, 산하단체까지의 개혁으로 국가 경쟁력을 높이려는 취지로 시행되었다. 행정개혁위원회가 주관한 세 차례에 걸친 정부 조직개편 작업은, 작되 효율적인 정부를 추구하여 국무위원을 21명에서 16명으로, 장관급을 32명에서 24명으로 줄이는 것이었다. 결론적으로 말하면 중앙정부의 구조조정 정책의 결과는 오히려 늘어난 방향으로 진행된 반면, 지방자치단체는 인위적인 인력 감축을 위해 10년간 신규채용을 거의 못하게 되었다. 그 때문에 직급별 조직구성이 정상적인 피라미드형 조직에서 하급자가 축소되는 항아리 형태인 기형조직으로 변형되는 결과가 초래되었다. 조직의 중추 허리 역할인 40대가 사라진 조직으로 변모되고 말았던 것이다.

　순간의 선택이 십년을 좌우한다는 전자제품 광고가 있다. 공공정책의 잘못된 선택은 10년보다 몇 배나 더 긴 시간동안 악영향을 미치게 된다. 영천시의 기구·인력 감축 계획은 1국 7과 128명이었다. 1천68명 정원을 940명으로 줄이라는 목표였고 결과에 따라 엄격한 재정적 상벌이 주어지게 되었다. 15% 내외인 영천시의 재정자립도를 걱정해야 함은 말할 것도 없지만, 중앙정부의 일률적 감축 구조조정 계획에 작은 지방자치단체가 따르지 않을 도리가 없었다.

　별정직 공무원, 징계 처분을 받은 자, 업무능력이 떨어지는 자, 부부공무원, 고령자 등 갖가지 자료를 작성하여 보고하고 검토해 봤지만, 탁상공론일 뿐이고, 달리 뾰족한 방법이 없었다. 현실적으로 좀 더 설득력 있는 접근으로 정년을 1~2년 앞둔 고령자 순으로 매일 면담에 나서게 되었다. 처음에는 형편 이야기를 하고 생각해 보시라는 정도로 하고, 두 번째, 세 번째는 좀 더 현실적으로 협조 요청이라기보다 사정을 하는 형편이었다. 어쩌다 명예 퇴직자가 한 사람이라도 생기면 사유를 물어볼 겨를도 없이 '감사합니다. 오케이 땡큐!' 하는 상황이 되었다. 국가행사나 큰 행사를 앞두면 준비사항 점검을 위한 D-O일로 현황판에 기록하는 것처럼 매일 매일 정원대비 몇 명을 더 감축해야 하는지 현황보고를 했다.

직장생활에서 악역은 대체로 아래 사람 몫이다. 격동기 인사계장이었던 나의 역할은 퇴임 권유라기보다는 협박편지 배달부란 말이 더 어울릴 정도였다. '언제까지 명예퇴직 신청을 하지 않으면 총무과에 대기 발령할 것'이라는 방침을 전달하는 역할이니, 그게 협박이지 권유라 할 수 없었다. 하루 일과가 퇴임 권유 대상자들을 만나고 진행 상황을 보고하는 것이었다. 찾아가는 것이 죽을 맛이었고, 만나는 사람마다 사정이 다르니 개인 형편을 사전 파악하고 할 말을 준비하여 가지만 막상 만나면 말이 먼저 나오질 않았다. 상대가 어떻게 나올지 예측할 수 없었다. 하루는 퇴임 권유를 위해 만나자는 전화를 너무나 반갑게 받는 사람이 있었다. 의외인데 생각하면서 만나니 아니나 다를까 인사계장이 만나자니 바뀐 시장과 친분이 있어 공직 말년에 택호라도 바꾸어 줄 승진의 기회가 있어 인사계장을 보냈다고 생각하고 있었다. 난 명예퇴직을 부탁하려고 만나자고 했는데…….

저승사자로 칭하는 구조조정 당시의 인사계장 악역의 후유증은 오래 갔다. 퇴직하게 된 당사자도 그렇지만 가족들이 마주쳐도 아는 척하지 않는 경우도 있었다. 후유증은 긴 세월이 지난 후에도 오랫동안 계속되었다. 그중에는 약 20년 동안 부부 모임을 함께하는 사람도 있고, 초등학교 고향 선배도 있어 "자네와 내가 전생에 무슨 악연인지 모르겠네." 하면서도, 또 한편 "자네가 무슨 죄가 있나? 시절을 잘못 만나서 그렇지!" 하며 위로의 말을 하기도 했다.

역지사지로 생각하면 한 부서의 책임자로 지역사회와 시정의 한 분야에서 영향력이 있을 뿐만 아니라 개인적으로는 지역사회에서의 체면도 있는 것이다. 한순간에 모든 것을 잃고 4개 부서장이 동시에 총무과에 대기발령이 되었는데, 당사자의 난처함을 어찌 말로 표현할 수 있겠는가? 설상가상으로 대법원 재판을 앞둔 시장님이 자진사퇴 의사를 밝혔다. 대법원의 상고심은 법리심리로 승소할 승산이 없으니 자진사퇴가 시민 보기에 더 좋겠다는 선택이었다.

마지막 사직원에 본인 자필 서명을 받고 돌아서니 발걸음이 천근만근이었다. 이후 부시장 권한대행체제로 전환되고 보궐선거 후보자들의 활동이 왕성하면서 공직사회도 무주공산이 되어 술렁였다. 보궐선거로 당선된 새로운 시장 취임에 최대 관심사는 인사이동이었다. 내가 앉아있던 인사계장에 10여 명이 거론되는 상황이니 현재의 자리가 내 자리가 아님을 저절로 알 수 있었다. 함께 동고동락한 직원들의 동요를 우려하여 저녁 늦게 남몰래 책상 서랍을 정리하고 며칠을 기다렸다. 겉으론 조용했지만 폭풍전야였다. 그동안 힘들었던 일들이 떠올랐지만 여기까지라 생각하고 책상을 정리해두니 오히려 마음이 편안했다.

정년퇴직을 앞두고 퇴직자 연수가 있었다. 제주도 2박 3일 일정이었다. 기존 퇴직자를 포함하여 우여곡절 끝에 대기 발령된 네 분의 사무관이 명예퇴직을 신청하여 함께하게 되었다. 일정을 안내하는 것은 또 인사계장 몫이었다. 직원연수는 통상 실무자가 인솔하지만, 국·과장의 퇴직 연수이니 어쩔 수 없었다. 2박 3일이 2, 3년쯤 느껴졌다. 대다수 처음 만나는 부인들도 동행하니 무슨 말을 어떻게 해야 여행의 분위기를 덜 흐릴까 노심초사했다.

2003년 8월 졸업한 경북대학교 행정대학원 석사 논문 제목이 『기초지방자치단체 공무원의 구조조정』이었다. 제도보다는 운용이라는 평범한 민주주의 원칙처럼 조직과 인력관리는 다양한 행정환경 변화에 대응하고 장기적 안목을 고려하여 수립되어야 한다. 조직은 사람으로 구성되고 사람은 관계가 형성되어야 원만하다. 인간관계의 원만한 형성은 여러 가지가 있겠지만 연령분포 또한 간과할 수 없다. 구조조정으로 10년간의 신규채용이 없어 10여 년간의 연령 공백이 생겼다. 자연스러운 조직의 승진과 전보의 질서가 흐트러지는 결과였다. 구조조정으로 승진의 희망이 사라지고 신규직원의 충원이 없으니 공무원의 사기는 바닥이었고 서로 분위기만 살피게 되었다.

그토록 힘들게 구조조정에 목숨을 건 국민의 정부가 지나자, 다음 정부에서는 또 다시 이전으로 돌아가고 말았다. 한해 신규직원 채용이 정원의 10%나 된 것이었다. 이처럼 정부가 하는 일이 널뛰기이니 그것도 조직운영에 가장 기본 바탕인 인력충원 정책이 그렇다니 긴 한숨이 나왔다. 구조조정 정책을 위해 쏟은 에너지가 허탈했다. 정권이 바뀔 때마다 공통적인 사항은 과거 정부의 잘못된 부분을 청산하는 정책이다. 5

년 단임의 짧은 대통령제 정부가 성과를 내기는 사실 어렵다. 시간에 쫓겨 졸속으로 하다 보면 후유증은 더 크고 치유하는 데는 긴 시간과 사회적 비용은 더 많이 지불되기 마련이다. 특히 사람이 중심이 되는 조직과 인력은 짧은 시간에 보완되지 않는다.

전두환 대통령이 간접선거제로 선출되는 7년 단임제를 그대로 유지하려다 국민적인 6.10항쟁에 부딪혀 6.29선언으로 졸속으로 만들어진 직선제 5년 단임, 그렇게 시작된 대통령 임기는 노태우, 김영삼, 김대중, 노무현, 이명박, 박근혜, 문재인 대통령으로 30년 넘게 유지되고 있다. 새로운 대통령이 선출될 때마다 정책들은 쏟아진다. 그러나 짧은 5년으로 무엇을 할 수 있겠는가? 전 정부와 차별화를 위한 명목으로 똑같이 과거청산을 위해 긴 시간 에너지를 쏟는다. 하지만 깊은 연구 없이 조직과 인력에 대한 일시적인 처방 정책을 내놓을 때면 몹시 불편해진다. 정책이 아니라 장래의 또 다른 갈등의 불을 지피고 있다는 생각에서다.

정부의 소득주도성장 정책과 공공기관의 비정규직의 의무적 정규직화, 청년실업 해소와 일자리 창출을 위한 공공부문의 공무원 증원 뉴스를 접한다. 고용지표향상을 위한 일시 충원은 시간이 흐르면 조직과 인력 수급에 부작용이 더 양산될 것이라는 예감이 든다. 농촌인구가 급감하고 고령화로 소멸 예상지역이 늘어나는 지금이야말로 인근 지역 행정조직을 통합하여야 할 때다. 인력과 조직운영은 시대적 환경을 고려한 장기적인 안목과 종합적인 판단이 우선되어야 한다.

국가정책에서 종합적으로 고려해야 하는 역사적 교훈으로 중국 마오쩌둥(모택동)의 참새박멸 작전을 들 수 있다. 마오쩌둥은 1958년 식량

증산을 독려하기 위한 농업현장 시찰 중 수확기에 임박한 벼를 참새가 쪼아 먹는 것을 보고 소탕지시를 내렸다. 쥐, 파리, 모기, 참새는 사해(四害) 동물로 베이징에 참새박멸 총 지휘부를 설치하고 그물, 독극물, 새총 등 모든 수단을 동원하여 박멸하고 북을 쳐 스트레스를 주도록 했고, 기관마다 참새를 죽인 숫자에 따라 표창했다.

1958년 한해 2억 1천만 마리의 참새를 죽여, 쌀 생산량이 많이 증가할 것으로 기대했으나 참새는 현저히 줄었으나 메뚜기 등 먹이사슬이 파괴되어 3년간 최악의 흉작으로 굶어 죽은 자가 수백만에 달했다. 4천만 명이 죽었다는 일설도 있다. 급기야 러시아에서 참새 20만 마리를 공수 수입하였으나 역부족이었고 그 여파로 퇴진 압박을 받아 마오쩌둥은 2선으로 물러나게 되었다.

국가정책은 단면 처방이 아니라 종합적이고 미래 지향적이어야 한다. 사물이나 현상에 관한 정책은 그나마 수정할 수 있다. 그러나 인력에 관련한 정책은 도중에 해고할 수도 없으니 자연 해소까지는 긴 시간이 소요된다. 조직과 인력정책에 더 신중해야 할 이유가 여기에 있다.

면장의 보람

　화산면은 고등학교 교복도 벗기 전에 발령받아 4년 반 동안 근무한 초임 근무지로 추억과 때가 묻은 곳인데 30년 가까운 세월이 흘러 면장으로 부임하는 것은 설레임 그 자체였다. 그때의 동장이 이장으로 명칭만 바뀐 채 그 자리를 지키시는 몇 분 계셨다.
　설레임도 잠깐, 부임하는 첫날 면사무소 입구에 정리되지 않은 무궁화 가지와 그 위에 말라붙은 넝쿨이 이리저리 엉켜있는 것을 보는 순간 면민의 얼굴인 면사무소 입구가 이래도 되나 싶어 유쾌하지 않았다. 봄이 오면 가장 먼저 주변을 정리해야겠다는 마음으로 18대 면장으로 취임했다.
　봄은 빨리 왔고 시간은 쏜살같이 흘러갔다. 마늘·양파 생산 주산지라 짧은 수확기를 맞추려면 일손이 매우 바빴다. 지금처럼 기계화도 보급되지 않았고 외국인 근로자도 없던 때라 수확기를 놓치고 비라도 오면 상품 가치가 현격하게 떨어졌다. 업무용 차에 아이스박스를 싣고 음료수를 냉장시켜 마늘·양파 수확 현장을 찾아 다녔다. 한 보름 정도 다녔는데, 의도를 두고 한 것도 아닌 일이 입소문으로 금방 퍼졌다. 현장에서 만난 분들이 "마늘 농사 십년에 면장이 음료수 들고 마늘 논 방문하는 경우는 처음이다. 젊은 면장이 다르네."하며 작은 마음에 큰 칭찬이 돌아왔다.

역시 '사무관의 꽃!' 면장이다. 출근길 코스로 관내 마을 한 바퀴를 천천히 돌고 출근할 때가 많았다. 관내 순찰로 상쾌한 아침을 맞는 기쁨은 덤이었다. 노출된 면장 차량 번호와 산불 예방 깃발 표기가 있어 식별이 용이했다. 지나가던 주민들과 아침 인사를 나누다 보면 9시를 훌쩍 넘겨 사무실에 들어 갈 때도 있었다. 누구에게 늦었다고 보고할 필요도 없고 내 할 일을 스스로 판단하여 결정할 수 있는 재량과 자유가 있어 면장이란 직책이 참 좋았다.

마을을 방문하면 주문도 가지가지다. 재량사업으로 주어지는 사업비로 레미콘 몇 차 지원한 것을 두고두고 감사하다고 인사하는 말을 들을 때마다 마을을 향하는 발걸음이 가벼웠다. 단체마다 계절 행사와 총회, 마을의 크고 작은 모임을 찾다 보면 한 달은 물론, 금방 또 한 계절이 바뀐다. 1년 반의 짧은 재임 기간을 뒤로하고 이임하던 날 한 직원으로부터 꼭 집에 가서 보시라는 주문의 두 쪽짜리 편지를 받았다. 지금 다시 보아도 너무 과분한 표현을 해주었던 감동의 편지였다.

존경하는 허 의행 면장님!!

우선 영전을 진심으로 축하드립니다.
만남과 헤어짐은 우리 인생의 필연 인가요
언제가는 아니 여름쯤이면 이별 아니 그것도 가까운 이별을(본
있었는데 창졸지간에 먼 이별이 되었습니다.

면장님!!
평소 한 공장에 근무하면서도 한사무실 한 칸에 같이 근무 하지 못
명성만 들어오다가 이번에 화산면사무소에서 면장님과 계장으로서
해본지 7개월이 채 못 되었습니다.

그동안 같이 근무하면서 면장님의 멸사봉공 정신을 새삼스럽게 느끼고
왔습니다.
역주민들을 위한 행정 지역주민들의 화합과 안정에 혼신의 노력을
-리신 모습이 진정 우리가 왜 ? 어떤 일을 하여야 한다는 것을 보고
습니다.
을 권위와 무렵으로 하는게 아니고 열린 마음으로 주민들에게 보다
다가가서 진솔한 대화로 작지만 아름다운 우리 화산면을 가꾸어 오신
이 너무 장하고 아름다웠습니다.

선 면 행정이 처음이라서 발령을 받고 처음 면으로 올 때 걱정을 많
만 면장님이 계셔서 너무 편하고 행복한 나 날이 였습니다.
족한 저지만 면장님께서 한번도 책망하지 아니하고 온화한 눈빛으로
주신 것 제가 잘 알고 있습니다.

시다니 너무 섭섭하고 답답한 마음이 앞서 걱정이 됩니다.
화산면을 이끌어야 하나하고 우리면 구석구석 누구 집에 숟가락까
구의 성품이 어떤지 잘 아시는 면장님에 비하면 저는 아직 모르는
… 누가 오시더라도 ‥‥‥‥‥‥
지에서 유능한 분들은 모두 도청으로 빼앗기고
막대한 지장이 있다고 투덜 되니까

청천벽력의 비보

옛날에는 국도를 포함한 지역 내 모든 지방도가 비포장이고 노견과 수로가 정비되지 않았으니 폭우가 오면 도로를 쓸어버려 교통 사정은 엉망이 되거나 마비가 되었다. 그런 이유로 마을마다 구역을 정하여 전 주민이 참여하는 도로보수 공동 작업을 봄과 가을에 2회 실시했는데 그 작업이 1980년대까지 이어졌다. 파손된 도로를 수시로 보수하는 전담 수로원은 면마다 1~2명 배치되는 비정규 일용직 직원이었다.

국도나 지방도가 비포장일 때는 도로보수를 전담하던 수로원이 지방도 포장 후에는 도로변의 풀을 제거하는 일을 주로 담당했다. 도로변 풀베기는 봄에 무성할 때 한번 하고, 추석을 앞두고 귀성객의 편의와 환경개선을 위해 한 차례 더 해서, 1년에 총 2번 도로변 환경을 정비했다.

부임 때 면사무소 앞 환경을 바꾸겠다는 다짐이 단순 환경정비를 넘어 자연석 계단과 수로를 정비하고 화산(花山)의 이미지를 담은 화단 꾸미기까지 하게 되어 6개월이라는 긴 시간이 걸렸다. 추석을 앞두고 서둘러 공사를 마무리하고 주변에 꽃 심는 날을 정하여 출근과 동시에 민원담당 한 사람 제외하고 전 직원이 함께 꽃을 심고 있었다.

그런데 민원담당 직원이 급한 목소리로 뛰어와 수로원이 풀베기를 하다가 사망했다는 비보를 전했다. 나는 "무슨 소리, 아침에 보았는데!"하며 자초지종을 물으니 순간 교통사고가 난 것 같았다. 급하게 현장으로 뛰어가니 벌써 119로 후송된 후였고 피우다 남은 절반의 담배만이 홀로 남아 있었다. 교통사고가 아니라 작업하다 작은 묘소 옆 나무 그늘에 잠시 쉬는 도중 그대로 생을 마감했던 것이었다.

직장 내 가정사는 잘 모르는 것이 보통이지만 특히 수로원은 사무실 근무가 아니라 출근하면 바로 바깥 현장으로 나가니 공식적 모임 외에는 면장과 이야기할 기회가 거의 없어 개인 사정은 깜깜했다. 나중에 안 일이지만 개인 부채로 채권자가 찾아와 협박하여 집에는 의도적으로 늦게 들어가고 생활을 같이하는 사람이 부인이 아닌 동거녀로 심한 갈등과 스트레스를 받으면서 살고 있었다고 했다.

시신은 영안실로 옮겨지고 영안실은 동거녀 일행이 점거한 채 막무가내의 언행을 이어갔다. 먼저 간 담당 계장이 "유가족들이 과격하니 면장님은 연락할 때까지 나타나지 않는 것이 좋겠다." 했으나 사태를 보아야 판단할 것 같아 영안실로 갔다. 동거녀 일행은 "직원이 많은 데 왜 혼자 그 일을 맡겼느냐? 사람을 살려내라! 어떻게 보상하겠느냐?"하며 막무가내였다.

하룻밤이 지나니 그렇게 열을 내어 영안실을 지키던 사람들이 감쪽같이 사라졌다. 장례비용을 부담할 사람도 없고 남편이 면사무소 정규직원이 아니라 마땅히 해야 할 일용 수로원(修路員)이고, 별다른 보상을 받을 것이 없다는 현실을 파악한 모양이었다. 가까운 친척도 없고 장례

비용도 막막했다.

　이튿날 일찍 시장님이 출근하기를 기다려 형편을 보고하고 직원들에게 십시일반 모금 운동을 요청했다. 장지는 생전에 거주했던 컨테이너 옆 텃밭에 매장하기로 하였으나 마을에서 똑바로 보여 마을에 나쁜 영향을 줄 수 있다고 10여 가구의 주민이 모두 반대하고 나섰다. 엊그제까지 이웃이었으나 생과 사는 이렇게 달랐다. 우여곡절 끝에 마을 정면에서 조금 비켜 매장하기로 하였으나 본인도 동거녀도 사라져 안면 있는 사람이 없다 보니 추석을 앞둔 마을주민의 반응은 차가웠다. 이장과 지인 몇 사람, 면사무소 직원들이 함께 매장까지 마쳤다. 매장을 마치고 내려오는 산기슭에서 망자의 어머니는 손을 잡고 감사하다는 말을 끝내기도 전에 울음을 터트리고 멈추지 않으셨다.

　추석 명절, 밤낮 사흘의 긴 시간이 지나고 파김치가 된 지친 몸에 그냥 한나절 푹 자고 싶다는 생각이 들었다. 하지만 큰 어려움 앞에 부서마다 십시일반 모금하여 방문해 준 시청 산하 직원들과 관내 단체의 방문이 면장으로서 더 바랄 것 없는 격려였다는 생각을 하며, 내부 행정 전산망을 통해 전 직원에게 감사의 메일을 보냈다.

　올해도 추석이 다가왔다. 추석을 앞둔 9월 어느 날, 그때 묘소 옆 그곳을 찾아가 잠시 머물며 20년이 지난 그 순간을 떠올려 보았다. 그때 일을 기억하고 싶지 않은 듯, 오래도록 관리가 안 된 묘소도 주인을 잃어버리고 아카시아로 덮혀 있었다. 하지만 소나무는 여전히 푸른빛을 내며 자라고 있었다.

1000여 직원에게 보낸 메일

가을비 속 생각나는 사람
- 故 이인호 씨를 떠나보낸 후

　추석 명절을 앞둔 도로변 정비 사업으로 국화와 꽃양배추를 면사무소 앞 소공원에 심고 있는데 파랗게 질려 달려온 직원이 전한 비보에 한동안 말문이 막혔습니다. 예기치 못한 갑작스러운 일들이 매스컴을 통해 가끔 접하여도 남의 일로만 스쳐 지나기 일쑤인데 두어 시간 전에 멀쩡하게 이야기하던 사람이 이렇게 싸늘한 주검으로 되돌아오다니 정말 어처구니가 없었습니다. 그 뒤 병원진단결과에 의하면 관상동맥경화증으로 확인되었고 도로변 제초작업을 하다 도로 건너편 나무 그늘에서 잠시 휴식하며 한 개 피 담배도 다 타기 전 이 땅의 50여 년 짧은 생을 마감한 것입니다.

"직원이 많은데 왜 한 사람에게만 그 일을 시켰느냐?

두 사람을 보내었으면 이런 일이 없지 않았을 것 아니냐? 앞으로 어떻게 보상을 하겠느냐?"는 유족들의 원망이 지금도 눈에 선합니다.

하룻밤을 지새우며 유족들은 많이 이해되었지만, 매장지를 평소에 손때가 묻은 주택 앞 농장에 하려니 마을 사람들이 마을에서 보이는 곳에는 묘지를 쓸 수 없다며 강력히 반대하는 것이 아닙니까! 어제까지만 해도 10여 가구가 함께 모여 사는 산골 작은 마을의 이웃으로 웃고 지내던 사이인데 묻힐 수는 없다니 이것이 진정 삶과 죽음의 차이인가 봅니다. 우여곡절 끝에 마을 방향과 좌향을 조금 바꾸기로 하고 장례를 마쳤습니다.

내 아들을 살려내라 하시던 연로하신 모친이 산기슭을 따라 내려오시면서 면장님 고맙습니다! 연거푸 하신 말씀에 남은 자녀들이 더욱 효도하실 것이라고 억지 위로를 드렸으나 한없이 무거운 짐을 지워버릴 수는 없습니다. 어려운 일이 생기면 큰 집 가서 도움을 청하듯, 고인의 어려운 사정 보고에 흔쾌히 뜻을 모아주신 시장님 이하 모든 간부님과 직원들에게 이 글을 통해 고마움을 전합니다. 3일 동안 영천시 공무원 노동조합 지부장을 비롯한 많은 동료 공직자의 조문과 격려에 깊은 감사를 드리며 추석 하루 전날 뙤약볕 속 늦은 시간까지 땀 흘리면서도 불평하지 않은 우리면 동료직원에게도 감사를 드립니다.

어저께까지만 해도 함께 국화 심던 당신의 삽질이 눈에 선합니다.

유난히도 많은 올해의 가을비는 님의 짧은 생을 아쉬워합니다.

다시 한 번 고인의 명복을 빕니다.

2005년 9월 23일 비 오는 오후

화산면장 허 의 행 드림

제5부

숨가쁘게
달려온 시간

도청 전출과 회귀

사무관으로 도청과 파견 교류는 몇 차례 있었지만, 소속을 달리하는 이동이 많지 않을 때였는데 도청으로 전출이 됐다. 문화체육관광국 문화 엑스포의 총무팀장과 경제과학진흥본부의 생활경제교통과의 주무 담당 사무관이었다. 주무 담당의 주요업무는 조직과 부서 내 인사, 회계업무를 비롯한 총괄업무로 그동안 보직 경로에서 경험이 많아 업무에는 큰 어려움이 없었다. 물론 새로운 사람들과의 관계는 하루아침에 형성되는 것이 아니어서 영천에서 두 번이나 전후임으로 근무하다 도청으로 전출하신 분을 비롯하여 향후 회원 및 주변의 도움을 많이 받았다.

궁하면 통한다는 말이 있다. 출퇴근 시간이 하루 두 시간이 넘으니 그 시간을 어떻게 쓰느냐는 것이 문제였다. 아침은 뉴스를 못 보고 출근하니 출근 때는 뉴스를 듣고 퇴근 때는 독학하는 중국어를 듣다 보면 졸음도 없어지고 출퇴근 시간이 지루하지 않았다.

어느 날 조금 늦은 시간에 퇴근하니 집사람이 어머님과 통화중이었다. "아직 안 들어왔느냐, 매일 늦어서 어떻게 하느냐"시며 가끔 전화하신다는 것이다. 뒤통수를 맞은 기분이었다. 지금은 90대 중반이 되셨지만, 그때도 이미 80세를 넘기신 때였다. "무슨 영화를 보겠다고 늦은 시간 장거리 출퇴근을 하면서 이토록 어머니께 걱정을 끼쳐드리나!" 싶었다. 여유가 있다면 도청 가까이 훌쩍 이사라도 가면 만사 해결일 텐데 그동안 뭐 했는지 경제적 여유가 없었다.

신앙심이나 행위로 봐서는 집사도 과분한데 원했던 원치 않았던 장로의 직분이었다. 나의 의사와 무관하게 제도적으로 교인 2/3 이상의 선택을 받아 장로 임직을 받았으니 마음의 짐만 무거울 뿐이었다. 하필이면 이러한 때에 장로라 보통 부담이 되는 게 아니었다. 아무래도 영천에 있는 것보다 교회의 관심과 역할에 제약을 받으니 마음이 편치 않았다. 이런저런 이유로 도청 근무를 접고 다시 영천으로 귀향해야겠다는 생각에 담당 국장님과 상의했다. 마침 담당 국장님은 영천산업체 야간대학 출강 교수였고 나는 전체대표로서 그때부터 10여 년간 친분이 있는 분이라 오랫동안 상호 연락이 오가는 격의 없는 사이였다. "신분상의 격상은 도청이 기회가 더 많겠지만 고향에서 공직을 마치는 것도 괜찮다고 생각한다."는 응원과 함께 간단하게 귀향을 정리해 주셨다.

다시 생각해도 잘한 일이라 생각한다. 어머님께서 "장로가 교회를 지켜야지!" 하시면서 가장 기뻐하셨다. 그때 기뻐하시던 어머님의 음성이 아직도 생생하다. 자식은 부모의 생각을 결코 넘어설 수 없는가 보다.

화산면장에서 도청으로 전출 갔다가 다시 돌아올 때는 재정과장이었다. 지금의 세정과 회계과를 합친 대과였다. 7급 시절 세정 및 회계업무의 경력이 있어 대과 업무지만 어려움은 없었다. 만약 영천에서 계속 근무했더라면 보직 경로로 보아 과분한 자리였다. 그 기틀이 기획실장, 총무과장, 국장으로 순항하는 디딤돌이 되었다. 모두 어머님의 기도와 응원이 밑바탕이 된 것이다.

 한 시간 이상의 출퇴근 거리에서 5분 거리로 줄어드니 금방 현실에 안주하며 익숙해져갔다. 중국어 독학은 언제 그만두었는지 기억도 없다. 아침 시간을 쪼개어 사는 것도 금방 잊어버렸다. 쉬운 것에는 너무 빨리 적응한다. 참 간사한 것이 인간이고, 그 한복판에 내가 편하게 앉아 오늘도 안주하고 있다.

오기傲氣로 시작한 골프 입문

자주 만나 허물없이 지내는 몇몇 친구는 누구나 있는 법이다. 밥을 먹다가도 공무원은 소속부서의 일이나 당면사항이 화제이고 일반인들은 지역사회 이야기로 이어진다. 하지만 골프로 화제가 바뀌면 그때부턴 끝이 없다. 골프를 치지 않는 소수는 대화에 낄 수 없다. 골프를 주제로 대화를 하는 사람들끼리 웃음이 끊어지지 않는다.

기획감사담당관은 기획 예산·감사 업무로 상급기관의 여러 부서 사람들과 만나게 된다. 골프를 치느냐는 물음에 아직 못 배웠다고 말하는 순간 대화가 막혀버리니 그때는 정말 난감했다.

80년대 30대 초반에 누구보다 빨리 테니스에 입문했고 그 외 축구, 족구 등 친목모임의 구기운동에도 후보 선수로 텐트 지킬 정도는 아니었는데 화제의 골프 이야기에는 무슨 말을 하고 있는지 헛웃음을 지을 수조차 없다. 이래서는 안 되겠다 싶어서 골프 입문을 결심했다. 세찬 바람이 부는 2008년 12월의 어느 밤, 실내골프 간판만 보고 무작정 찾아가 석 달 연습비용을 내고 퇴근 후 틈을 내어 연습했다.

모든 운동이 그렇듯 체력과 자세가 기본이라 최소한 몇 달이라도 레슨 받는 것이 기본인데 그럴 시간도 여유도 없이 마음만 급했다. 하루빨리 배워서 당신들만의 영역인 양 시끄럽게 떠드는 친구들과 겨루어야 한다는 욕심이 앞섰기 때문이다. 이렇게 나 홀로 시작한 골프 자세는 10년이 지난 지금 내가 봐도 정말 아니다. 직접 레슨을 못 받았으니 골프 방송의 레슨을 메모하고 이른 아침 연습장에도 꾸준히 다녔다. 처음 한동안은 수업료를 톡톡히 내었으나 맞수로 즐기기에 오랜 시간이 걸리지 않았고 운이 좋아 평생 한 번 하기 어렵다는 홀인원의 행운을 두 번이나 얻었다.

골프는 인생이다. 정해진 규칙은 엄격하되 심판은 없다. 13개 내외의 클럽 중 무엇으로 치던 내 선택이다. 동반자와 먼 거리에 있어 잔디에 묻힌 공을 조금 들어 올려서 칠 수도 있고, 턱이 높은 벙커에서 조금 뒤로 물려 치더라도 멀리서는 볼 수도 확인할 수도 없다. 심지어 OB^{Out} $^{of\ Bounds}$, 경기할 수 있는 지역의 경계 밖으로 흰색 말뚝으로 표시되고 2타의 벌칙을 받는다.를 조금 벗어났을 때에도 경계선 안에 살아 있다고 하고 그냥 칠 수도 있다. 정해진 규칙을 위반했을 때 그냥 넘어갈 수도 있고 정직할 수도 있다. 그러나 골프의 절대가치는 정직과 원칙을 준수하는 것이다. 물론 동반자가 인정하면 문제가 될 일은 아니다.

평소에 잘 되다가도 어느 날 갑자기 형편없이 무너질 때가 있다. 공은 둥글어 어디로 튈지 모른다. 잘 맞은 공이 어디론가 사라져 찾지 못해 1벌 타를 받기도 하고 필드 바깥으로 간 공이 나뭇가지나 지장물에 맞은 반동으로 의외의 행운을 얻기도 한다. 하루 18홀 경기 중 반전은 수시로 일어난다. 경기가 막바지로 갈수록 욕심은 커지고 예상 밖 결과가 빈번하다. 그래서 골프는 인생살이와 같다고 한다.

사치라고까지 말할 순 없지만, 비용은 아직도 만만찮다. 그러나 인간관계를 돈독하게 하는 것에 이만한 운동은 없다. 5~6시간 이상 함께하면서 샤워와 한 끼 식사를 같이하는 것이 기본이니 서로의 모습을 정직하게 보여주고 공감하기에 충분한 시간이기 때문이다.

우스갯소리도 있다. 골프를 치는 목사님이 하나님께 기도했다. "하나님 일주일에 딱 두 번만 골프를 치게 해주십시오. 나머지 시간은 온 몸과 마음을 다해 하나님을 섬기겠습니다." 이 기도를 들은 하나님께서 말씀하셨다. "목사야! 내가 목사 할게, 네가 하나님 해라! 너와 자리를 바꾸자!"

세 가지 운동을 모두 해본 사람이 골프 재미에 대해 누군가에게 말했다. 면적만큼 재미있어! 탁구는 탁구대 면적만큼, 테니스는 코트 면적, 골프는 필드 면적탁구는 1.525m×2.74m, 테니스 코트는 10.97m×23.78m이나 골프는 면적 기준은 없다. 18홀의 이동거리 외 티샷에서 그린까지 거리는 4km가 훨씬 넘는다.만큼 재미있다고 생각하면 돼!

생매장 가축의 절규

　동유럽지역에서 유행하던 아프리카 돼지 열병(ASF)이 2018년 중국을 시작으로 2019년 세계적으로 확산되었다. 치사율 100%인 바이러스 출혈성 돼지 전염병으로 예방백신이 없어 더욱 위험했다. 경기도 파주를 비롯한 강원도 접경지역에 확산된 아프리카 돼지 열병 바이러스가 멧돼지 사체에서 양성반응이 나타나 급기야 멧돼지 사살 작전이 벌어졌다. 다행히 남부지방까지 전염되지는 않았다.

　이보다 앞서 2010년과 2011년에는 전국적으로 돼지 구제역이 창궐했다. 돼지 구제역과 조류 임플루엔자(AI)는 거의 매년 발생했다. 전국적 발병으로 가축전염병과의 전쟁을 방불케 하는 광우병 브루셀라와 구제역은 축산사육 농가가 많은 영천지역에서는 그야말로 가축의 대학살과 다름없는 일이 벌어졌다. 발생 농가를 반경으로 상당 거리 내의 가축은 모두 살처분 해야 하기 때문이다.

　우선 감염확산 방지를 위한 소독작업으로 고속도로 출입구와 주요도로의 유동 차량을 소독했다. 또 직원들이 축사 입구마다 초소를 설치하고 교대근무를 하며 출입을 제한했다. 그러나 이미 감염된 가축은 시간을 다퉈 살처분 해야 했다. 대형가축의 대규모 매몰은 쉬운 일이 아니다. 가축도 죽는 길을 아는지 들어가지 않으려고 발버둥을 쳤고 밀려들어간 웅덩이를 기어오르는 돼지를 다시 밀어 넣어야 했다. 예견된 일이지만 매몰에 급급하여 장비로 구덩이를 파면 물이 고이기 마련이었다. 대량 감염된 전례가 없으니 매뉴얼도 없고 매몰할 토지가 없으니 우왕좌왕했다. 가축 소유자의 농장 인근이나 본인 소유 토지에 급하게 매몰하다 보니 침출수가 흘러나오는 것은 당연했고 문제는 금방 발생했다.

개선된 방법으로 비닐을 깔고 묻었다. 그러나 큰 덩치의 돼지들을 장비로 밀어 넣으면 돼지가 발버둥을 치면서 비닐이 찢어졌다. 그 후로는 대형용기에 담아 땅속에 묻고 있다. 침출수는 없겠지만 매몰 상태로 영구히 묻혀있으니 이 또한 최선의 방법이 될 수가 없다는 생각이 들었다.

웅덩이에 들어가지 않으려는 가축을 억지로 밀어 넣는 공무원이 미끄러져 다치거나 어둠 속 웅덩이에 같이 매몰될 뻔한 아찔한 순간들이 연달아 연출되었다. 웅덩이에서 벗어나려는 돼지 울음소리로 불면증을 호소하는 직원들이 심한 스트레스로 인해 정신과 치료를 받기도 했다.

교대근무를 마친 직원의 가족에게 갈아입을 옷을 가져오게 하고 스포츠센터 샤워실에서 옷을 갈아입도록 했다. 추운 겨울철 어둠 속에서 비닐 방역복에 의존하니 혹독한 추위와 지독한 냄새는 생지옥이 따로 없었다. 12월의 늦은 시간 수영장 입구에서 격려차 인사는 하고 있으나 '돼지 분뇨를 밟으며 생매장을 하는 것이 공무원의 역할이냐?' 하는 원망의 눈초리가 매서웠다.

해마다 반복되는 가축전염병에 대한 대안 마련이 시급하다. 추정하기에 매몰 장소는 전국적으로 4~5천개 정도가 된다. 전염 발생지역 반경에 있는 돼지를 무조건 매몰할 것이 아니라 고열살균 처리하여 자원으로 활용하는 방법의 개발이 시급하다. 매몰로 인한 문제도 해결하고 자원도 활용하는 방안을 빨리 찾았으면 좋겠다.

중국 자매도시 파견공무원

영천시와 자매결연을 한 외국의 도시는 중국 개봉시, 미국 버펄로시, 일본 쿠로이시 시이다. 중국 개봉시는 부패한 정치인들을 엄중하게 처벌하는 청백리의 표상, 포청천으로 알려진 허난성 북동부의 인구 500만의 중국 7대 역사 고도이다.

자매결연 도시 간에는 대표자가 상호 방문을 한다. 또 지역축제 때 초청하여 축제의 의미를 높이기도 하는데 나는 개봉시 초청단 일행으로 갔을 때 축제 야간행사를 보고 많이 놀랐다. 중국의 행사나 공연의 규모가 큰 것은 예상하였지만 놀라지 않을 수 없었다. 큰 호수를 배경으로 배를 띄워 화려한 해상 야간공연을 하다가 잠시 암흑으로 바뀌더니 넓은 호수 위에 다리가 만들어지고 호수를 가로질러 수십 마리의 말이 현란한 조명을 받으며 달리는 공연에 감탄하고 말았다. 공연이 끝나고 불이 밝혀지니 인공호수 포공호와 포공을 기리는 웅장한 사당 포공사(包公祠)가 우뚝 서 있었다.

영천에서는 한약축제때 자매결연한 개봉시 인사들을 초청했다. 한의 전문병원인 중의원 한의사도 같이 초청하여 침술·안마 부스도 운영하였는데 개봉시 중의원의 외형이 영천시청 본관과 맞먹을 만큼 큰 규모였다. 나는 환영 행사나 만찬 때에 독학으로 익힌 중국어 기초회화 몇 마디를 구사할 수 있어 대단히 흡족했다. 스스로의 자존감 뿐만아니라 분위기를 살리는 계기가 되었기 때문이다.

자매결연 후 대표자의 상호왕래 외에 공무원 상호 파견이 계속되었다. 언어적 장벽을 고려하여 영천에서 중국으로 파견되는 공무원은 중국어 기초학습이 되어있는 직원이 파견되지만, 중국에서는 한국어 학습자가 흔하지 않아 완전 초급자가 올 때가 많았다. 하지만 중국은 아직 사회주의 국가로 출신 성분이 높거나 고학력자인 엘리트가 파견된다. 그 당시 파견공무원은 30대 과장급으로 한국이 16번째 방문한 나라라는 말을 했고 한국어는 되지 않아도 영어는 능통했다. 짧지 않은 1년간의 파견이니 담당 부서나 중국어 동아리와는 자연스럽게 식사를 겸한 대화가 자주 이루어졌다. 나 역시 대외업무 담당과장으로 자주 초대를 받았다. 물론 중국어에 능통한 직원이 그때마다 함께하였다.

이런저런 질문과 대답으로 유쾌한 분위기였는데 그날 나의 질문이 과했다. "천안문 사태에 대해 어떻게 생각하느냐?" 물었던 것이다. 순간 얼굴색이 하얗게 질리면서 서슴없이 말했다. "사특한 무리의 폭동으로 씨를 말려야 한다."라는 내용이 통역되어질 때는 아찔한 생각이 들었다. 당 충성도가 강한 검증된 공무원일 뿐 아니라 사회주의 국가에서 왔다는 인식을 하지 못하고 금기된 말을 한 나의 실수였다.

그날도 몇몇 직원들과 식사를 하고 2차로 노래방을 갔다. 시청과 숙소인 원룸, 모임 자리인 식당 모두 반경 100m 남짓한 익숙한 위치였다.

그런데 한동안 개봉시 파견 직원이 보이지 않았다. '익숙한 곳이니 먼저 갔나.'하고 생각했는데 시간이 꽤 흐른 후에 보니 손가방을 그냥 두고 간 것이었다. 모임을 파하고 행여나 하여 숙소를 방문한 직원이 놀라 전화가 왔다. 원룸 앞에서 쭈그리고 앉아 창백한 얼굴에 오한이 들어 심하게 떨고 있다고……. 순간 하늘이 캄캄해진 느낌이었다.

외국 자매도시 파견공무원에게 변고가 생긴다면 국가적인 큰 문제로 커질 것은 뻔 한 일이었다. 나중에서야 하는 말이 노래방을 나왔는데 어디인지 찾을 수가 없어 헤매다가 집으로 갔는데 휴대전화와 열쇠가 손가방에 있었으니 조치할 방법이 아무것도 없었다는 것이었다. 익숙하고 가까운 곳이어서 무슨 일이 생기겠나 방심했던 것이 큰 어리석음이었음을 깨닫게 되는 순간이었다.

미국 버펄로시 자매결연

민선 이후 일본과 중국 자매도시 왕래에 이어 미국 버팔로시와도 자매도시를 추진했다. 버팔로시는 미국 동부 나이아가라 폭포에 인접해 있는 도시로 미국 동부 뉴욕 주에서 두 번째로 큰 도시이다. 농업 분야에서는 사과와 포도가 많이 재배되고 있고 아이스 와인의 본고장이다.

사전 의견을 나누고 협의하는 과정이 꽤 오랜 시간 걸렸지만, 한인회의 도움을 받는 등 대체로 순조롭게 진행되었다. 그리고 양 도시간 자매결연을 위한 최종 서명을 위해 시장, 시의회 의장 등 일행이 버팔로시를 방문하기에 이르렀다.

도착 당일 버팔로시 시청 앞마당에 시위대가 텐트를 치고 시위 중이어서 조금 당황했다. 우리처럼 극렬한 시위는 아니었고 기초 수급자들이 복지를 위한 구호를 내걸고 마당에서 먹고 자며 일상생활을 하는 수준의 시위였다. 시청에서도 크게 관여하지 않는 듯 보였다. 하지만 나는 긴장의 연속이었다. 우리 기준으로는 외부인사가 방문하면 최소한 관련자가 현관에 나와 안내를 해야 하는데, 안내 영접이 없어 부서로 직접 찾아가야 했다. 부서 직원이 잠시 기다리라고 했는데 한동안 또 깜깜 무소식이서 약소국에 대한 푸대접인가 하는 생각도 들었다. 나는 시장과 의회 의장을 수행하는 담당국장으로서 안절부절못할 수밖에 없었다. 예감이 좋지 않았다. 시장님께서는 "이 사람들은 원래 그렇다."며 미국과 외국 생활을 오래 하신 경험으로 "기다려보라."고 말해주셨지만 불안한 마음은 여전했다. 다행히 회의실로 이동하여 자매도시 결연 서명이 무리 없이 진행되었고 행여 잘못될까 하는 불안과 고민은 말끔히 해결되었다. 그날이 2011년 11월 3일이었다.

저녁에는 두 도시간 자매도시 결연을 축하하는 환영 만찬이 시장 공관에서 열렸다. TV에서 흔히 보듯 간간이 소파가 있는 넓은 거실에서 서서 이루어지는 만찬이었다. 인사말이 오갔고 영천 와인에 버펄로시장의 사진 라벨이 붙은 세계에서 하나뿐인 '나만의 와인'을 선물했다.

인터넷에서 버팔로 시장의 사진을 찾아 와인 라벨을 만들었는데 만찬장에서 환호가 터졌다. 버펄로 시장은 인사말을 통해 "버펄로시가 와인의 고장인데 한국에서 포도생산이 가장 많은 지역과 자매결연 한 것은 큰 인연입니다. '나만의 와인' 선물에 놀랐고 와인 병에 붙은 사진 속 빨간 넥타이가 오늘 멘 이 넥타이입니다."라고 말했다. 넥타이는 우연의 일치였다. 아이스 와인의 본고장인 버펄로시에서 한국 최대 포도 생산지, 영천 포도로 만든 '나만의 와인' 선물이 큰 호응을 얻었던 것이었다. 그렇게 준비에 없던 영천 포도와 와인이야기가 화제가 되었다. 자매결연과 만찬은 덕담을 주고받으며 순조롭게 마무리됐고 하와이 해변에 몸을 담그는 일정 변경의 여유까지 생겼다.

양 도시간 교류는 꾸준히 이어졌다. 2019년 20여 명의 학생이 여름방학 기간 중 버펄로시로 어학연수를 떠났다는 언론 보도를 보면서 그때 일들이 새롭게 느껴졌다.

버펄로시장 공관 만찬장에서 멘 시장의 빨간색 넥타이

일본 자매도시 방문

일본 아오모리 현 쿠로이시 시와 영천시는 1984년 자매도시를 맺고 상호방문이 꾸준히 이뤄지고 있었다. 또 1986년부터 1994년까지 학예작품전을 아홉 차례 개최하는 등 청소년 교류도 활발하게 진행됐다. 그때의 방문도 고등학생을 중심으로 일본문화를 체험하는 것이 주목적이었다. 방문단 대표 역시 단체장이 아니라 국장이었고 주 방문단 역시 고등학교 학생들이었다.

쿠로이시 시청을 방문하며 나는 깜짝 놀랐다. 무더운 한낮에 도착했는데도 시청직원들이 청사 마당에 태극기를 들고 도열 환영을 해주는 것이었다. 방문단은 단장인 나와 대외업무 담당 부서 직원, 고등학교 인솔교사, 통역관, 남녀고등학생 등 25명이었다.

우리 일행은 청사로 안내되었는데 2층 복도가 컴컴했다. 에너지 절약을 위해 격등 사용을 하기 때문이라고 설명했다. 또 에어컨 가동 적정온도가 아니어서 에어컨을 켜지 않으니 이해해 달라며 부채를 나누어 주었다. 절약과 기준 준수에 철저하다는 생각이 들었다.

고속도로 좌우에는 5m 내외의 긴 장대가 끝없이 설치되어 있었다. 무

쿠로이시시 시장실

쿠로이시시 의회 의장실 (2012. 8. 1)

엇 때문이냐고 물었더니 2~3m에 이르는 폭설 때 제설을 위한 도로 경계 이정표로 활용된다고 했다. 또 도로변 가드레일이 가지런히 접혀 있어 물었더니 강풍이 불 때 차량이 날려갈 수도 있어 평소에는 접어 두었다가 강풍시 가드레일을 펴서 바람을 막는다는 설명이었다. 우리와 멀지 않은 이웃나라이지만 자연환경이 많이 달랐다. 새삼스레 폭설과 강풍이 없는 우리의 자연환경에 감사하는 마음이 들었다. 방문일정 중 하루는 관광을 위해 북부지방인 홋카이도를 방문해 구로이시 시와 다르게 시원한 하루를 보냈다.

외국인뿐만 아니라 국내 기관단체의 행사나 방문 시에도 의전 격식을 준수하는 것이 일반적이다. 또 방문자의 직위에 맞추어 환영식이나 만찬 행사를 주관하는 것이 관례다. 국장이 단장으로 왔으니 마땅히 국장급 만찬으로 진행되리라 짐작했는데 의외로 시장과 시 의회 의장이 번갈아 자리해주어서 또 한 번 놀랐다.

짧은 시간이지만 일본 학생들과 공예체험 활동과 문화소개, 장기자랑 등 유익한 소통의 시간을 가졌다. 마지막 일정인 홋카이도 방문을 마치고 돌아오는 귀향일이 휴일이었는데도 국장급 관계자가 공항까지 배웅하는 것을 잊지 않았다. 친절은 어떠한 환경이나 이유에서도 결코 나쁘지 않다. 배려가 상식과 보편적 가치에 매여서는 안 된다는 것을 또 한 번 깨우치게 되는 순간이었다.

기관장 대신하는 축사의 고뇌

매일 8시에 회의가 있으니 늦어도 7시 30분까지 출근하는 것은 오래고 익숙한 하루 일정의 시작이며 나에게는 사계절의 순리만큼 자연스러운 일이다. 그러나 국장은 퇴근 후 또는 휴일 일정이 불규칙적일 때가 많다.

주요행사에는 흔히 시장님과 동행했다. 그런데 시장님께서 일정이 되지 않은 때에는 시장님을 대신해 참석해야 하는데 부담이 상당히 컸다. 민간단체 행사는 대부분 야간이나 주말에 잡히고 자기 단체의 일을 최우선으로 했다. 또 단체장 성향 또한 개성적이었다. 그동안 바쁘게 살아온 이유 중 하나로 축사 준비로 소비한 시간이 한 몫 차지했다. 호감형 목소리도 아닐뿐더러 달변가도 아님을 나 자신이 더 잘 알고 있었기 때문에 준비를 철저히 해야 했기 때문이다.

일정에 잡힌 행사뿐만 아니라 야외에서 혹은 갑작스럽게 청해온 즉석 인사말은 나를 자주 당황시켰다. 기관장께서 불시에 '국장도 인사 한번 하세요!'하며 뜬금없이 주문할 때도 있었다. 이러한 일들에 대비하여 휴대전화에 인용구나 인사말의 흐름을 수시로 저장하여 대비하곤 했다.

　국장 2년 반의 재임 중, 주말 또는 저녁 시간에 예상외의 일이 자주 일어났다. 지방의 크고 작은 행사보다 서울, 울산 등 향우회 행사를 갔을 때 더 부담이 컸다. 외지에서 성공한 출향인들은 고향에 대한 관심도 깊고 또 대다수 연세 높은 분들이다. 5백 명 혹은 1천명 이상 모이는 대규모 출향인사 모임에 시장 대신 국장이 참석하여 축사를 하는 것은 역지사지로 생각하면 마땅찮을 이유가 충분했다. 시장 일정이 중복되기도 하고 또 민선은 직접 투표권이 있는 지역 행사에 더 치중할 수밖에 없다. 부시장은 평균 재임 기간이 1~2년으로 주말이나 야간행사, 특히 관외 행사 참석은 꺼릴 수밖에 없으니 자연스레 국장의 참석으로 결정되었다.

6월 말, 12월 말은 퇴임식이 집중되었다. 같은 날 같은 시간의 행사 중복이 불가피했지만 시장이 가는 곳과 국장이 가는 곳의 반응은 달랐다. 당사자뿐만 아니라 평생 공직을 퇴임하는 자리에 시장이 와주면 가족이나 지인에게 빛이 나는 것은 당연했다. 국장이 참석하면 말은 감사하다고 하나 초대받지 않는 자리에 앉은 느낌을 받을 때도 있었다. 그나마 분위기를 맞추기 위한 유일한 방법으로 축사를 충분히 준비해 가는 방법 외에 다른 도리가 없었다. 글의 내용으로 감동을 주어야 했다.

 그분들의 자존심을 높여줄만한 인용구를 찾고 문맥상 매끄럽지 못한 부분을 반복해서 읽으며 고쳤다. 그렇게 준비한 축사를 실수하지 않고 잘해낸 뒤에 "국장 축사 잘하더라!"하고 누군가 언급해 줄 때면 돌아오는 발걸음 또한 가벼웠다.

2년 6개월 정년 남긴 명예퇴직

당시 내가 담당하던 국 산하에 12개의 과가 있었다. 그래서 매일 일어나는 일들을 국장이라고 다 알 수는 없었다. 국장의 자리에서 주어진 2년 반이라는 시간은 너무도 빨리 지나갔다. 20년 이상의 재직자에게 퇴직 전 단 한 번 주어지는 15일간의 장기 재직자 휴가와 퇴직을 앞두고 한번 주어지는 퇴직자 해외연수를 다녀 올 겨를도 없이 2013년 말 명예퇴직을 하게 되었다. 그동안 열심히 살았다가 아니라 계획적으로 준비하지 못한 채 2년 반 동안 행정지원국, 자치행정국, 안전행정국장으로 명패를 세 번이나 바꾸면서 하루하루에 쫓겨 허둥대며 살아왔다는 것이 더 맞는 말인 것 같다.

흔히 '되었다.'라는 말을 많이 한다. '공무원이 되었다.' '과장이 되었다.' '회사의 대표이사가 되었다.'고 하지만 나는 명패를 바꾸는 그 날이 그 자리의 주인이 된 것이 아니라 주인이 되기 위한 첫걸음일 뿐이라고 생각한다. 되었는지 되지 못했는지의 판단은 그 일을 마칠 때 돌이켜 보아야 하고, 다른 사람들이 평가하는 것이라는 생각 때문이다.

39년의 공직 마지막 국장 2년 반 동안에 정말 국장이 되었는지 스스로 돌아보면서 내부전산망을 통해 천여 직원들에게 메일로 퇴임 인사를 대신했다. 그 내용을 옮겨본다.

공무원이 되었는가? 국장이 되었는가?

안전행정국장 허의행 입니다.

과거를 회상할 때 흔히들 그때가 엊그제 같은데 라는 말을 하지만 저의 39년은 결코 엊그제 같지만은 않은 것 같습니다. 초등학교 졸업 후 중학교로 진학하지 못하는 친구들이 더 많았던 시절이기에 대학은 별을 따는 것이나 다름없는 것은 나만의 형편은 아니었습니다. 시험 운이 좋아 농업계 고등학교 출신으로 행정직시험 첫 응시에 선택된 교복 공무원의 시작은 아득한 기억이기 때문입니다.

어려운 고비 때마다 동료들이 가까이에서 큰 응원군이 되어 주었고, 부족한 흠결은 예쁜 포장지로 감싸주었던 것 같습니다. 종교를 가지지 않은 분들은 이해하기 어렵겠지만, 돌아보면 모두 나를 위한 특별한 창조주의 섭리가 있었기에 오늘이 있음을 또한 감사할 뿐입니다.

마음 놓고 편하게 말할 곳도, 그럴 여유도 없었던 독방(국장) 2년 반의 시간은 정말 정신없이 눈 깜짝할 사이에 지나가 버렸습니다. 일에 쫓기다 보니 본의 아니게 직원 여러분들에게 다그치고 질책도 많이 하였습니다만 떠나는 시간이 되고 보니 나의 지나친 욕심이었나 원망으로 돌아옵니다.

2년 반의 정년을 남겨두고 조금 일찍 떠나지만 학수고대하고 있는 고령의 동료들이 승진의 기회로 돌아간 것을 보면서 잘 선택하였다고 자부하고 싶습니다. 그동안 고마운 분들을 모시고 감사의 인사를 드리는 자리를 할까 고민도 해보았지만, 퇴임식은 오시는 분께 또 하나의 부담을 드릴 수 있을 것 같아 사양하였음을 양해하여주시고, 대신 동료직원들에게만 메일로 퇴임인사를 대신합니다.

떠나면서 이런 말을 해야 하나 의문도 들었으나, 재임 중 느낀 몇 가지를 생각해 보았으니 앞으로 업무에 참고가 되었으면 합니다.

♠ 일의 우선순위를 먼저 정하고 업무를 시작하는 습관입니다.
 - 야근도 많이 하고 열심히 하는 직원이 부서장의 신임을 받지 못하는 직원은 일의 우선순위가 바뀐 것을 자주 봅니다. 일의 우선순위를 정하는 것은 사전준비에서 시작합니다. 상사의 지시사항, 행사준비나 공통 업무, 기한이 필요한 일들이 우선일 수 있습니다.

♠ 하루를 비워두는 일정으로 일을 하면 여유도 있으면서 성과도 좋아집니다.
 - 20일까지 해야 한다면 19일에 완수하는 일정으로 추진한다는 말입니다.
 - 남은 하루에 어떤 일이 일어날지 모르고, 시간에 쫓기면 성과가 떨어지거나 당황하기 마련입니다.

♠ 메모의 습관이 필요합니다.
 - 업무와 관련된 주요통계와 매뉴얼, 현안사업 등을 새해 시작에 메모해두면 1년을 편하게 이용할 수가 있고 상사에게는 신뢰를 더 받을 수 있다고 생각합니다.

♠ 마이크사용법(음향조절 등)을 사전 숙지하고 사회는 간결한 시나리오에 의해 진행하였으면 좋겠습니다.
 - 행사나 용역보고 등 담당(계장)의 진행을 보면서 아쉬울 때나 조마조마할 때가 많았습니다.
 - 행사 또는 축사는 기관의 위상입니다. 철저하게 준비하여 품위를 유지하여야 합니다.
 오죽하면 "행사는 아무리 챙겨도 지나치지 않다"라는 말이 생겼을까요?

♠ 기본예의에도 관심을 두었으면 합니다.

과장이 운전하는데 국장인 나에게 뒷자리에 타라고 미리 문 열고 기다리는 직원들이 많았습니다. 기사가 아닌 윗사람이 운전할 때 상석은 앞자리라는 것을 모르는 직원이 의외로 많습니다. 행사장이나 외부인사, 상사의 좌석 배치를 숙지하는 것은 기본 중의 기본입니다. 그 무엇보다 중요한 것이라면 같은 책상을 사용한 가까운 동료에게 인정받는 일입니다. 한 사무실에서 함께 근무한 사람의 말은 진실이 되고 동심원이 되어 사방팔방으로 퍼져 나가게 됩니다.

동반자로 함께한 직원 여러분!

2014년은 영천의 진로를 가름할 중요한 시기이면서 갈등이 표출될 수 있는 우려도 있는 때입니다. 각 부분의 합보다 큰 것이 조직의 힘입니다. 각자의 역량의 합보다 영천시라는 조직으로 뭉쳐지면 그 이상의 힘을 발휘하게 될 것입니다. 900여 공직자가 결속하여 조직의 저력을 발휘하여 도약하는 영천으로 발전시켜주시길 바랍니다.

저는 이제 자유인이 되었으니 지난 39년 동안 과연 공무원이 되었는가? 국장이 되었는가? 생각하며 나만의 시간표를 정하여 남은 날들을 꾸며보려 합니다. 아주 천천히 비워가는 연습을 하면서 2모작을 설계하겠습니다. 많은 분께서 섭섭하겠다 하였지만, 큰 어려움 없이 마지막 공직을 마치는 것은 정말 축하받을만한 일이기에 아낌없이 축하해주시기 바랍니다. 퇴임 후에도 가까이에 살다 보니 스치는 일들이 있을 때마다 서로가 반가운 얼굴로 마주했으면 합니다.

이제 몸은 비록 시청 울타리를 떠나지만, 마음은 함께한 직장과 동료들을 영원히 잊지 못할 것입니다. 국장에서 퇴임이라는 개명과 함께 시청 전산망이 단절로 연락이 어려울 수 있습니다만 좋은 일, 슬픔을 나누어야 할 때 함께 할 수 있도록 연락 주시길 바랍니다.

항상 건강에 유의하시고 새해에도 가내 행복하시길 기원 드립니다.

2013. 12. 26

제6부

짧은 휴식
두 번째 상근

찰나의 2년

퇴직 후 2년의 휴식 기간이 눈 깜짝할 사이에 지나가 버렸다. 퇴직 휴가도, 퇴임식도 할 겨를 없이 쫓기듯 보냈던 삶에서 하루아침에 자유의 몸이 되니 날아갈 것만 같았다. 아침 운동도 시간에 쫓기지 않았고, 소파에 누워 낮잠도 잤다.

퇴임 후 100일쯤 지난 어느 날, 한창 자유에 푹 빠져 있던 무렵 늦은 밤, 한 통의 전화를 받았다. 3개월 전까지 모시던 시장님이었다. 시장님은 이번 지방선거에 3선 출마를 예정하고 있었다. 별일 없으면 내일 아침 선거사무실에 잠깐 나와 주었으면 한다는 내용이었다. 아직 선거사무실 개소 전이라 개소식에는 가봐야겠다 생각했지만, 미리 사무실 출입을 하는 것은 내키지 않아서 미루던 터였다. 선거를 앞두고 예상치 못한 일이 있는 것인지 별별 생각이 다 들었다.

다음날 방문한 선거사무실에는 10명 내외의 관계자들이 있었다. 시장님은 모두를 불러 모은 후 뜻밖의 말을 했다. '오늘부터 모든 일은 허 국장과 상의하고 지시 받아서 하라!' 는 청천 벽력같은 선언이었다. 날벼락을 맞는 기분이 바로 이런 느낌일까? 사전에 선거사무소를 도와달라는 상의가 있었더라면 "밖에서 열심히 돕겠다."하며 사양할 것이 뻔했기 때문에 거절이나 변명이 어렵도록 선거사무소 관계자가 모두 입회한 자리에서 일방적으로 공표해 버린 것이었다.

다음 날부터 두 달간 혹독한 시간을 보냈다. 나는 선거 실전 경험이 전무한 상태였기에 이미 두 번의 선거를 치른 사람들에게 무슨 지시를 할 것이며 누가 따르겠나 싶었다. 하루 이틀을 지나 보니 해야 할 일들이 눈에 보였다. 석 달 전까지 선거업무를 관장하는 국장이었으니 일반인들로 구성된 선거캠프에서 역할을 찾아내기는 어렵지 않았다. 선거공보 작성, 연설문, 대외홍보, 방문자 접견 및 관리 등 정신적 육체적으로 꽤 힘든 시간이었다. 힘들었다는 말보다 분위기나 취향에 적응이 되지 않았다는 것이 더 바른 표현이다.

선거는 항상 목숨을 건 상대가 있기 마련이다. 상대 후보 역시 고시 출신의 중앙부처 고위직 출신 인사였다. 몇 년 전만 해도 중앙부처에 방문하여 지역 현안 해결을 부탁했었는데 이젠 피할 수 없는 경쟁 상대가 된 것이다. 역시 그 캠프에도 간부 출신 퇴직자들이 배치되어 있었다.

선거사무실에는 늘 응원자만 방문하는 것이 아니다. 상대 캠프의 분위기나 정보파악을 위해 방문하는 사람들도 있다. 그들이 나를 보고 의외라는 듯 놀랐다. 역지사지로 생각하면 그 자리에 있는 자체가 눈엣가시였을 것이다. 정년을 많은 기간 남겨두고 퇴직했으면서 무슨 영화를 보겠다고 선거캠프에 있느냐는 곱지 않은 시선을 감내해야 했다. 원망이 얼마나 많았는지 주차해둔 차량의 좌우 문짝을 못으로 훼손하기도 했고 정체불명의 문자가 날아오기도 했다. 상대 후보 지지자 입장에서는 요즘 유행하는 말로 '네가 왜 거기서 나와?'라고 말하고 싶었을 것이다.

선거에 있어 고발·고소는 늘상 있는 일이다. 선거사무원이 유권자에게 문자발송을 하면서 영천시 부채 703억 원을 오타로 103억 원으로 발송하고 말았다. 즉시 수정 발송하였으나 선거가 끝난 한참 후까지 선거관리위원회와 사법부의 지루한 논쟁은 피할 수 없었다. 전해 듣기로 선거 후 첫 확대간부회의에서 허 국장 덕분에 선거를 잘 치렀다는 언급이 있었다고 한다. 그 말이 위안은 되었으나 선거에는 참여할 것이 못 된다는 것이 내 생각이다. 선출직은 의욕만 앞세워 아무나 하는 일은 아닌 것 같았다.

피할 수 없으면 즐기라고 하지만 즐기기만으로는 과분한 또 다른 인생 공부를 경험했다. 예상 밖의 큰 성과도 있었다. 캠프 사무원이었던 한 분은 그 어려운 과정을 동고동락한 인연으로 복지관의 큰 후원자가 되면서 좋은 관계를 지속하고 있다. 한 사람과의 좋은 만남은 힘들었던 시간과 비교할 수 없을 만큼 내 인생에 큰 수확이다.

두 달 남짓 뜻밖의 외출을 마치니 사회복지사 마무리 강의도 편안하게 들을 수 있는 여유가 다시 생겼다. 기간을 정하여 강의를 청취하고 지정시간 내에 시험을 보아야 했다. 재임 중에는 토요일 일찍 출근해서 종일 문을 잠그고 강의와 시험을 치를 때도 있었다. 그렇게 시작한 사회복지사 공부를 마치고 드디어 2014년 10월 보건복지부 장관으로부터 발급된 사회복지사 자격증을 받았다. 또 하나의 작은 성취였다.

퇴임 후 1년은 골프가 첫 번째가 되고 사회복지사 취득, 서예는 두 번

호주 가족여행

뉴욕 월 스트리트가 황소 동상 앞에서

째, 세 번째로 밀리는 한 해 였다. 퇴직한 직후이니 틈틈이 오는 연락에 중복되지 않는 범위 내에서 지인들과 밥 먹을 기회가 많기도 했지만 시간적으로 여유로워 좋았다. 무엇보다 아침 7시만 되면 출근을 준비하던 것이 사라졌으니 이것이야말로 진정한 자유라는 생각이 들었다.

즐기던 골프도 마음껏 칠 수 있었다. 금호공공도서관의 서예 교실에 입문했으나 골프 약속이 우선이었다. 공직 선배님들이 서예에 혼신의 열정을 쏟아 습작하고 또 각종 대회에 출품하여 특선을 받는 모습을 보며 도전정신이 생길만도 했지만 나는 하루하루 골프 즐기기에 바빴다. 누구의 간섭도 없이 마음대로 시간을 누리는 그야말로 자유다운 자유에 푹 빠져 지냈다.

가족여행으로 호주여행을 다녀왔고 직장 동료로 인연 맺은 이들과 부부동반으로 미국·캐나다 여행을 다녀왔다. 그렇게 눈 두 번 껌뻑하는 사이에 2년의 휴식이 지나고 YMCA 이사장과 위탁시설인 영천시종합사회복지관장을 겸직하게 되었다. 상시 출근하는 신분으로 다시 복귀된 것이다.

YMCA와의 인연

　YMCA와의 인연은 청소년 지원 활동을 함께 해보자는 제안을 받은 40대 때였다. 크리스천이면서 사회복지와 소년소녀가장 지원 등 청소년 업무의 경험이 있던 때인지라 의미 있는 봉사로 생각되어 수락하게 되었다. 어느 활동에나 재정력이 바탕이 되어야 하기에 회원모집 운동을 위해 술 한번 안 먹고 좋은 일에 동참하자며 친한 직원을 중심으로 첫해 모집한 것이 전체 회원모집의 10분의1 이상이 되었다는 것을 이사장이 되어서야 알았다. 가장 많은 회원을 모집한 사람에게 수여되는 1996년 이사장 명의의 공로패가 아직 본관 사무실에 비치된 것을 보며 25년 전 일이 새삼 떠오르곤 한다.

　퇴임 이듬해인 2014년 4월, YMCA 이사장으로 선임되었을 때 공직도 퇴임했고 현 부이사장이니 거부할 명분도 없었으므로 수락을 하게 되었다. 그때부터 YMCA 사업을 알아가며 나도 모르게 조금씩 빠져들기 시작했다. 지인들에게 지역 청소년 캠프 활동에 후원해 달라는 말이 쉽게 나왔다.

　재외동포 모국연수사업은 부모나 할아버지세대에 외국에 정착하게 된 재외동포 2~3세들을 초청하여 모국의 땅을 밟아 보고, 농촌 체험, 전통문화 체험, 홈스테이 체험 등 모국의 정취를 느끼도록 해주는 프로그램이다. 재외동포 모국연수사업은 독도 플레시몹과 캠프파이어 등 해가 갈수록 다채로운 프로그램으로 채워지며 성장해 갔다. 청소년 사업의 기금마련을 위해 'Dream 카페'를 열었고 후원 사업으로 '독거어르신 김장지원사업'을 펼쳤다. 김장지원사업의 경우 500세대 이상 지원하는 적지 않은 사업인데 십시일반 모아달라는 후원 요청에 모두가 흔쾌히 응해 주었다.

한국 YMCA는 1901년 배재학당의 학생 조직으로 시작하여 1903년 황성기독교청년회를 설립했고, 이듬해 독립협회 회원들이 가담함으로 민족적 YMCA의 기틀이 마련되었다. 1900년 일제의 침탈이 노골화되고 있을 때 YMCA 회원들이 독립협회의 핵심 회원이 되어 105인 사건, 2·8 독립선언, 3·1운동에 주도적으로 참여하면서 일제의 식민지배에 저항하는 주축세력이 되었다. 항일민족지도자 33인 중 16인이 기독인이었고 그 중 9명이 YMCA 인사였다.

영천 YMCA는 1975년 창립하여 지역 계몽에 힘쓰다가 90년대에 불의의 교통사고로 어려움을 겪기도 했으나 현재까지 지역 시민사회단체의 역할을 다하고 있다. 최근 10년간 재외동포 청소년모국연수사업으로 매년 50여 명의 재외 청소년들이 모국의 흙을 밟으며 또래의 지역 고등학생들과 함께 어울리고, 각종 체험을 통해 고국의 정취를 느끼고 돌아간다. 이때 만난 학생들은 연수 후에도 온오프라인을 통해 서로 왕래하고 있다고 하는데, 바야흐로 글로벌 시대임을 실감하게 한다. 또 지역

아동센터와 북한 이탈주민 청소년을 대상으로 매년 2월 말 봄방학 동안 휴전선 일대에서 통일 캠프를 개최하며 북한이탈 청소년들의 자존감을 높여가고 있다. 매년 진행되는 역사기행 제주캠프는 일제의 만행을 체험하는 소중한 기회로 지역 청소년들의 민족정신과 역사의식을 고취시키고 있다. 어린이합창단은 영천 유일의 청소년합창단으로 시민체육대회 등 지역의 크고 작은 행사 초청공연으로 미래의 음악 지도자를 육성하고 있다. 영천시장학회의 지원을 받은 청소년 Dream(꿈) 밥차 운영은 학업에 지친 지역 청소년들의 간식 제공을 통해 청소년들을 격려하고 진로와 고민을 상담하는 사업이다. 이 외에 학교 밖 청소년 지원 사업도 우리에게 남은 과제이다.

YMCA는 민족자주운동으로 출범하여 농촌사업, 시민사회운동으로 발전하였고 현재 YMCA 본연의 운동성 회복과 이 시대의 사회적 책임을 위해 각성이 요구되는 시점에 놓여있다. 선배들의 고귀한 활동과 역사성에 기대기보다 현재 YMCA의 활동을 재점검하고 시대가 요구하는 운동성을 개발하고 또 회복해야 한다. 단순한 프로그램의 수행에 앞서 실무지도자와 유지지도자가 YMCA 정신에 기반한 초심을 회복하는 것이 최우선 과제라는 생각이 든다.

종교개혁이 루터에 의해 이루어진 것이라지만, 루터에 앞서 개혁의 불을 피운 선각자들이 있었기에 가능한 일이었다. 체코 프라하 출신 얀 후스의 성경 중심 기독교 정신회복 운동은 대중의 지지는 받았으나 콘스탄츠 공의회에서 이단자로 낙인찍혀 1415년 화형을 당하였다. 화형당하기 전 '나는 거위같이 불에 타 죽지만 1백 년 뒤 불에 타 죽지 않는 백조가 되어 나타날 것이다.'라고 말했는데, 그에 이어 처형된 27명의 종교 개혁자가 현재 프라하 광장에 십자가로 표시되어 그의 말을 증명해 주고 있다. 체코, 스위스, 독일, 프랑스 등 서로 다른 나라에서 종교개혁을 이룩한 얀 후스, 츠빙글리, 루터, 칼뱅이 있다. 교통과 통신이 발달하지 못한 시대에 각각 다른 나라에서 종교개혁이 일어났다는 것은 시대적 요청이었고, 절대자의 계획이요, 섭리였기 때문이다.

뜬금없이 종교개혁 운동을 말한 것은 격동기에 나라와 민족을 위해 목숨을 아끼지 않았던 항일민족지도자 33인 중 9인이 YMCA 인사로 활동한 역사 앞에 지역 YMCA 활동이 부끄럽지 않아야 한다는 말을 하고 싶어서이다. 열악한 환경에서도 오직 소명으로 활동하신 그분들의 자부심에 익숙해져서 진정한 내 모습을 찾지 못하고, 무임승차하면서 마치 그분들처럼 살아가고 있다고, 그때의 봉사와 활동을 지금 나도 하고 있다고 착각하며, 가면을 쓰고 있지는 않은지 자문해야 한다.

이러한 물음에 소신껏 답하지 못할 만큼 온몸에 힘이 쭉 빠지는 좌절의 순간도 있었다. 400여명의 회원과 50여명의 직원이 있으니 매일 유쾌한 일만 있을 수는 없지 않겠나.

재외동포 청소년 모국연수

재외동포 750만 시대다. 이들도 그 나라에서는 모두 다문화가족이다. 타국 땅에서 다문화 가정으로 사는 사정이야 각각 다르겠지만 2~3세 후손들이 아버지, 할아버지 나라의 땅을 밟는 느낌은 비슷할 것이다.

외교부 산하 재외동포재단과 한국YMCA연맹이 협약하여 추진하는 재외동포청소년 모국연수사업은 전국 61개 지역 Y를 대상으로 공모하여 8~9개 지부를 선정하는데, 영천 YMCA가 최근 10년간 연속하여 선정되는 쾌거를 이루었다. 10일간 이어지는 청소년모국연수사업은 5일간 선정된 지역에서 보내고 나머지는 휴전선 일대를 탐방하는 일정으로 진행된다. 여름방학기간에 프로그램이 진행되다 보니 무더위 속에서 빡빡한 일정을 소화해야 한다. 2018년 캠프는 7월 25일부터 터 29일까지 4박 5일간의 일정으로 20개 나라 49명의 학생이 영천을 방문했으며, 지역 고등학생, 자원봉사 리더, 대학생 통역 등 100여 명이 함께한 캠프 일정이었다. 그때의 일을 잠시 상기시켜 본다.

첫날은 생소한 K-Food(한국 음식)인 김치볶음밥 라볶이를 직접 만들고 조별 조리경연을 한 후 저녁 식사를 했다. 조리경연 최고의 상은 임

환영 행사 후 기념 촬영

모국 땅을 밟은 청소년들의 밝은 모습

'독도는 우리 땅' 플래시몹(금호강 분수공원)

충효수련원의 전통예절 교육을 마치고

금님 수라상이었다. 이후 이틀간은 자원한 지역 청소년들의 집에서 홈스테이를 하고 '친구야 학교 가자'라는 프로그램으로 홈스테이를 해준 친구의 학교에 일일 학생이 되어 학교체험을 했다. 뿌리 찾기의 일환으로 3.1운동 역사현장을 방문했고 농촌체험으로 깻잎을 따 삼겹살 파티 재료로 쓰고 감자도 캐보았다. 이후 포은 정몽주 선생을 배향한 임고서원 충효문화수련원에서 1박을 하며, 장구 가락을 배우고 한복을 입어보며 예절교육을 받았다. 캠프의 하이라이트인 캠프파이어 시간은 이별의 눈물바다가 되곤 했는데, 전국에서 운동장이 가장 아름다운 학교로 선정된 임고초등학교 운동장에서 진행자와 함께 즐기는 신나는 댄스파티 후 이별을 아쉬워하는 마지막 시간을 보냈다.

살아가는 환경은 달라도 이래서 동포인가 하는 생각이 들었다. 짧은 만남에도 서로 마음을 내어주고 헤어짐을 아쉬워하며, 메일과 SNS를 통해 다시 연락하고, 방학 때는 서로 초청하여 왕래하고 있기 때문이다. 이들을 서로 연결시켜 준 청소년모국연수 사업의 보람이 여기에 있는 것이 아닐까 생각해보았다.

지역 청소년 통일 캠프

'지역 청소년 통일 캠프'는 영천 YMCA가 자체 청소년 사업으로 4년째 진행하는 평화통일 염원 문화캠프이다. 매년 2월 말 봄방학을 이용해 진행되는데, 첫 해는 지역아동센터 초·중등학생, 다음 해는 어린이합창단, 북한 이탈주민 자녀, 청소년성장놀이터 마을지킴이 학생을 대상으로 4년간 이어졌다. 매년 30여 명씩 2박 3일간의 일정으로 진행되는데 차량지원은 사회공헌 기관에서, 숙식은 개인 후원을 받아 운영했다.

첫해는 속초의 정혜라 후원자님이 캠프 참여 학생에게 한 끼 식사 후원자를 개발해 주었고 캠프 동안 사업을 접고 동행하며 안내해 주었다. 또 북한 실향민이 집단 거주하는 아바이 마을 갯배 공원에서 평화통일을 염원하는 편지를 낭독하고, 통일이 되면 가장 먼저 가고 싶은 곳에 촛불을 켜는 촛불의식을 진행했다. 마지막 '우리의 소원은 통일'을 합창할 때는 모두들 눈시울이 뜨거워졌다.

3년째인 2018년은 북한 이탈주민과 아이들이 참여하고 고성 후원자가 함께하던 해였다. 촛불의식 때에 눈물바다가 되어 '우리의 소원은 통일' 노래를 끝까지 부를 수 없었다. 휴전선 근처에서 이탈주민이 두고 온 가족을 생각하는 마음은 헤아릴 수 없을 만큼 남다를 것이다. 고성군 후원자분들은 북한에 있는 외가와 친척 집 이야기를 끊이지 않고 이어갔다. 이야기 속 주인공들은 휴전선이 걷히면 승용차로 한 시간 내로 갈 수 있는 거리에 있었다. 그날 국가민속문화재로 지정된 왕곡마을의 오봉 교회 정석근 목사님과 교인들의 따뜻한 환영과 직접 만들어주신 비빔밥은 정말 맛있었다.

DMZ 박물관과 6.25전쟁 전시관을 관람하며 전쟁의 비참함에 놀랐고 특히 통일전망대에서 멀리 보이는 북한군의 초소를 보면서 분단의 현실을 아이들에게 알려줄 기회가 되었다. 아이들은 "김일성 별장이 왜 남한에 있어요?"하고 묻곤 했다. 충분히 궁금할만한 일이다. 6.25 전쟁 전 그려졌던 38선이 전쟁 후 휴전선으로 그어지면서 남한으로 편입되었다.

평화통일 기원 소원
비행기날리기
(DMZ박물관 앞)

평화통일 염원
소원문 낭독

독립운동 유적지 생명 평화 순례

2016년, 경북·대구 YMCA 실무자와 이사들이 함께 하는 블라디보스톡 역사탐방을 통한 '생명 평화 순례'에 나 역시 동참하게 되었다. 선조들의 러시아 이주 역사는 러시아와 중국, 북한의 경계지역에 있는 블라디보스톡 지신허 마을에서 시작됐음을 알게 되는 역사 여행이었다.

'생명 평화 순례'를 통해 노비의 아들로 태어난 독립운동가로 안중근 의사의 독립운동을 지원했던 우수리스크의 최재형 선생이 일본군의 총살로 순국했던 안타까운 사건과, 이상설 선생의 흔적, 연해주의 대통령이란 별명을 지닌 우수리스크 문창범 선생의 독립운동 발자취를 따라 걸으며 나를 뒤돌아보는 기회가 되었다. "지붕에 비가 새니 고쳐야 않겠느냐."는 말에 "곧 독립이 되어 정든 고향으로 돌아갈텐데 무엇하러 고치느냐."며 뚜렷한 소신을 두고 독립운동을 했던 기록들을 보며 지금껏 안이하게 살아온 나 자신이 부끄러워지기도 했다.

1937년 블라디보스톡에 있던 고려인들은 구소련의 통치자 스탈린에 의해 우수리스크 라즈돌리예 역으로 끌려 나가 시베리아 횡단 열차에 태워져 반사막 지역인 중앙아시아로 강제 이주 되었다. 스탈린에게 보고된 문서에 따르면 블라디보스톡에서 6천km 떨어진 카자흐스탄에 2만170가구 9만5천256명, 우즈베키스탄에 1만6천272가구 7만6천525명으로 모두 17만1천781명이 강제 추방당했다고 한다. 실제로는 이보다 더 많은 고려인들이 추방 혹은 처형당했을 것으로 추측되고 있다.

우정마을은 고려인 러시아 이주 140년을 기념해 1998년 대한주택건설협회가 건설하고, 2004년 조성된 고려인 정착촌이다. 이곳에는 추방된 고려인의 후손들이 다수 거주하고 있다. 우리는 영천지역아동센터와 결연 후원한 아동센터를 찾아갔다. 조상의 역사를 다 알리 없는 고려인 3~4세 아이들이 한글을 배우고 있었다.

뜻있는 순례 일정을 마치고 귀향하기 위해 도착한 블라디보스톡 공항에는 대구로 오는 비행기 출국 장소와 평양행 출국 장소가 나란히 옆줄에 있었다. 대구행 수속을 위해 줄을 선 이들은 대다수가 여행자임에 반해 평양행에 선 이들은 큰 가방을 앞세우고 있는 것이 해외 취업으로 돈을 모아 가족들의 선물을 사서 고향으로 돌아가는 모습처럼 보였다. 우리는 가끔 곁눈질만 할 뿐 대화는 하지 않았다.

고려인을 중앙아시아로 강제이주시킨 우수리스크 라즈돌리예역

눈 수술

국장 재임 후반기였던 어느 날부터 눈이 시리고 사물이 겹쳐 보였다. 컴퓨터를 많이 보기도 했고 사회복지사 자격취득 동영상 수강의 피로가 겹쳐 그러려니 하며, 가끔 창으로 먼 산을 보거나 손바닥으로 비벼 따뜻하게 해보았지만 별 효과가 없었다. 겉으로 보기엔 아무렇지도 않아 보였지만 가장 불편한 것이 대중이 모이는 예식장이나 행사장에서 한 사람의 얼굴이 두 개로 보이거나 겹쳐 보이는 것이었다. 그 때문에 눈에 힘을 두고 초점을 맞추기 위해 고개를 좌우상하로 쳐다보는 습관이 생겼다. 오해를 막아보려고 억지로 바로 보려고 노력하지만 사진을 보면 안정되지 못하고 불편한 모습이 역력했다. 운전을 하면서도 한 차선이 두 개로 보여 고개를 옆으로 돌려 초점을 맞추어야 했다. 무엇보다 계단을 내려갈 때는 한 계단이 두 계단으로 보이니 여간 힘들지 않았다.

퇴직 일정이 다가와도 안과 진료를 받아 볼 겨를이 없었다. 쉬면 나아지려나 했지만 퇴직 후에도 증상은 여전했다. 할 수 없이 안과 진료를 받았다. 유명하다는 안과병원을 다녀도 종합병원의 안과 진료를 받아봐도 뚜렷한 진단을 내리지 못했다. 약을 처방받고도 복용 기간을 몇 달씩 넘기기 일쑤여서 1년이 훌쩍 지나 진료를 받기도 했다.

병은 자랑하라고 했던가. 어느 날 지인들과 식사 중에 증상을 이야기했더니 지인 중 한명이 자신이 아는 서울 강남세브란스 병원의 한 의사를 소개해주었다. 진료 날짜를 잡고 담당 교수에게 안내를 받았다. 한 달 간격으로 세 번의 진료 후에 수술 날짜가 잡혔다. 평생 처음 접해보는 수술이었다. 의사의 설명에 의하면 눈동자를 움직이는 시신경 조절 장치 중 하나가 느슨하여 생긴 증상으로 탄력을 조절하는 수술을 해야 한다는 것이었다. 간단한 수술이라 하루만 입원하면 퇴원한다고 하지만 전신마취를 하고 눈을 수술한다는 것이 내심 걱정은 되었다.

수술 전날 저녁에 병원에서 내일 수술하는 환자를 모아 위안의 메시지를 전하는 시간이 있었다. 물론 나처럼 당일 입원하여 다음날 퇴원하는 사람도 있지만 어쩌면 내일 수술하여 깨어나지 못하는 사람도 있을 수 있다는 것을 느꼈다. 깨고 나니 회복실이었고 한눈을 가리개로 막고 다음 날 퇴원했다. 어찌 된 일인가? 병원 갈 때만 해도 두 겹으로 보이던 KTX 차창의 먼 산 풍경이 한 겹에 가깝게 확실하게 보였다. 며칠 지나니 정상에 가깝게 회복되었고 몇 차례 점검을 더 받았으나 후유증 없이 현대의술의 혜택을 현재까지 톡톡히 누리고 있다.

만나고 싶은 사람을 만날 수 있고, 먹고 싶은 것을 먹을 수 있다면 행복한 삶이니 감사해야 한다는 말이 가슴에 와 닿는다. 있을 때 잘하라는 말도 있다. 지금 내게 주어진 시간과 환경, 건강이 모두 행복한 삶의 터전인 것이다. 1년 6개월 이 병원 저 병원 다니며 고생한 것을 생각하면 아쉬움은 있지만 회복된 이 순간, 감사와 행복을 느끼기에 충분하다.

공무원 동기와 부부동반 미주 여행

　20대 초반에 시작한 공직 동료들 중 일부는 중도에 다른 일로 전환하기도 했으나 대다수가 정년까지 함께했다. 셋이 모이면 계를 한다는 우스갯소리가 있다. 공직사회 내에도 모임이 참 많다. 향우회, 동문회, 씨족 모임, 부서를 함께 근무한 사람들의 모임, 그리고 빠지지 않는 것이 동기 모임이다.

　당시 동기 모임은 요즘처럼 식당에서 모이는 것이 아니라 가정을 돌아가며 모임이 이루어졌다. 어김없이 늦은 시간까지 고스톱이 단골 메뉴로 이어졌다. 자정을 넘기기 일쑤니 가족들의 뒤치다꺼리가 만만찮았으나 윤번으로 돌아가니 그도 어쩔 수 없는 운명이었다. 한번은 다음날 공휴일이라 아침까지 헤어지지 않았다. 아침 식사까지 준비해 주면서 "이제 하직상(下直床)입니다. 드시고 집으로 돌아가세요!"하는 말에 미안하기도 했으나 한바탕 웃었고 그 말이 오래 유행된 일도 있었다. 동기 모임은 좋은 면도 있으나 갈등의 온상이기도 했다. 함께 시작하였으니 승진이나 이동이 있을 때마다 늘 경쟁의 대상이 될 수밖에 없다. 자연히 갈등이 있을 때도 있고 때로는 밀어주고 당겨주는 응원자가 되기도 했다.

40년 전 모두 총각으로 공직을 시작한 한두 살 차이의 동년배가 결혼하고 공직을 마무리한 후 열흘 넘게 부부동반 해외여행을 함께 했으니 건강의 복을 받은 것이라 생각한다. 여덟 가족 부부가 제법 긴 일정으로 미 동부와 캐나다 여행길에 올랐다.

재건된 쌍둥이 빌딩, 뉴욕 시가지, 워싱턴DC를 관람했지만 정원 속의 백악관은 거리를 두고 볼 수밖에 없었다. 자유의 여신상 관람 승선은 자국민과 외국인을 따로 줄을 세웠다. 자국민이 먼저 타고 외국인은 나중에 승선시켰다. 약소국의 설움인지 자국민의 지나친 자긍심인지 모르겠으나 당신들의 땅에 관광온 이들을 예우는 못해 주더라도 도착 순서에 따라 승선시켜 주는 것이 당연하지 않을까하는 생각이 들었다.

나이아가라 폭포 관광에는 하루를 할애했다. 버팔로시와 자매결연을 위해 방문했을 때 미국 쪽에서 폭포를 보기는 했으나 캐나다 쪽에서 보는 폭포가 훨씬 더 진국이었다. 배를 타고 폭포를 거슬러 웅장하게 떨어지는 폭포수를 소낙비처럼 맞아보는 것과 폭포 뒤쪽에서 굉음을 동반한 폭포수를 바라보는 모습은 정말 장관이었고 두려움이 일기까지 했다.

나이아가라 폭포에 있는 236m의 스카이론타워(skylon tower)에 도착해 딱정벌레처럼 보이는 고속 엘리베이터를 타고 1분 만에 정상에 다다랐다. 타워의 정상에서 먹는 360도 회전 레스토랑에서의 오찬은 고급스러웠다. 식사를 마칠 때까지 전망대가 한 바퀴 회전했는데 나이아가라 폭포와 미국, 캐나다 국경 일대의 풍경을 한눈에 담을 수 있는 곳이었다.

나이아가라 폭포 관람 일정의 마무리는 헬기탑승으로 폭포의 상류와

주변 인근 시가지를 함께 볼 수 있는 코스였다. 폭포를 지척에 둔 골프장이 나지막이 보였다. 그곳에서 폭포를 향해 힘껏 샷을 날리는 기분은 어떨까 생각해보았다.

캐나다 국기가 왜 단풍 모양인지 차창풍경을 보면서 이해가 되었다. 도로변에 가로수가 따로 없고 좌우 산천의 단풍나무가 가로수의 역할을 대신했다. 상하행선의 중앙분리대는 오는 차량이 보이지 않을 정도의 넓은 천연공원이 대신하고 있어서 마주 오는 차량 불빛도 걱정 없을 것 같았다. 끝없이 펼쳐진 평원 그리고 햇살에 비친 산야의 단풍이 새빨갛게 물들어가고 있었다. 가다가 쉬어도 졸다가 다시 보아도 단풍밖에 없었다. 옆자리 가족은 평생 볼 단풍 구경을 오늘 하루 다 보았노라고 말했다.

캐나다 여행에 빠질 수 없는 것이 천섬이다. 불과 몇 평이 되지 않아 잠길 듯 말듯 한 작은 섬에 그림 같이 자그마한 집부터 제법 큰 나 홀로 별장까지 있었다. 섬마다 숲이 우거졌고 제각각 개성의 별장들이 있어 평화롭게 보였다. 캐나다 중심 시가지인 퀘백은 시민을 위한 편의시설이나 건축 규모, 그리고 현란한 야경에 압도당할 만큼 크고 멋진 도시였다. 캐나다의 최북단 도시인 이곳이 프랑스인들이 이주하여 만든 도시라는 것을 처음 알았다. 옛 프랑스의 식민지이자 주민의 80% 이상이 프랑스계로 이루어져 있는 '캐나다 속의 프랑스'로 미국·캐나다의 도시들과는 확연히 다른 분위기였다. 영어 메뉴판이 없는 카페에서 커피를 주문하는데 꽤 애를 먹었다.

이번 여행은 아내와 함께한 여행 중 가장 긴 여행이었다.

큰 형님 칠순

당시 대부분의 가정이 자녀가 다섯 이상인 다자녀 시대였지만 우리처럼 칠형제는 흔치 않았다. 딸이 섞였으면 어머니가 조금은 덜 힘들었을 텐데……, 가난한 농촌에 형제가 많으니 맏형이 큰 짐을 지게 마련이었다. 실제로 큰형님은 누구보다도 힘든 세월을 보내셨다.

큰 형님의 조카들이 장성하여 가족초청 칠순 잔치를 준비했다. 형제외 친한 친구 두 분 내외분도 함께 초청했다. 큰 형님의 칠순은 감사예배로 진행되었으며 동생을 대표하여 내가 형님의 일생에 대한 소감을 전하는 순서가 있었다.

> 먼저 형님의 칠순 생신을 가족을 대신하여 축하드립니다. 함께해주신 형수님의 동생 가족분, 친구이자 교회의 동역자이신 박영달 장로님과 엄홍식 집사님 내외분! 이 시간을 준비한 조카들 모두 감사합니다.
> 특별히 은퇴 후 사역이 더 빛나는 주종근 목사님 고맙습니다. 저는 일주일 동안 경상북도복지관 협회에서 캄보디아 집짓기봉사와 어려

운 세대를 방문 위문하고 어저께 돌아왔습니다. 집짓기봉사 지역이 농촌 소외지역이고 집은 함석지붕에 빗물을 모아 식수로 사용하는 우리의 원두막에도 미치지 못하는 수준의 집입니다. 배수로가 없으니 마당 모퉁이에는 늘 물이 고이고 천장에는 비가 새고 닭 몇 마리는 웅덩이에 걷던 발로 엎어놓은 식기 위를 걸어 다니는 것이 당연시하고 있었습니다.

적령기에 학교도 못 가고 맨발로 늪지대 연꽃을 따서 공원에 팔아 생계에 보태는 팬티만 입은 새까만 아이들 모습을 보면서 답답한 마음으로 돌아왔습니다. 뜬금없이 캄보디아의 모습을 말씀드리는 것은 6.25 전쟁 중에 태어나신 형님의 어린 시절은 어떤 모습이었을까? 지금의 캄보디아 농촌보다 더 어려웠지 않을까? 떠올려 보면서 짧을 글을 낭독해 드립니다.

형님의 일생을 돌아보며……

꿈 많은 청년 때 나라의 부름을 마치고 부푼 꿈으로 돌아오니
차라리 장기근무로 말뚝을 받고 돌아오지 말걸,
금방 후회가 앞선다.
생활력 강하지 못한 아버지!
순종과 희생에 익숙해 버린 어머니!
많은 동생 어디 하나 기댈 곳 찾아볼 수가 없네.

동생들 등록금, 생활비로 쫓기기는 일상이었고

일찍 떠나신 백숙부모님의 상사와 아버님의 소천
일찍 부모님 여읜 사촌 하나 보태어 일곱 번의 동생 결혼,
한숨 돌렸나 돌아보니 어느덧 내 아이들이 장성하였구나!
아들 셋 연거푸 결혼으로
열네 번 길흉사치고 나니 내 나이 칠순이 되었네!!
어려운 고비마다 힘 실어줄 지렛대가 있었으면 좋으련만
딱한 사정 거절하지 못하는 것은 유산으로 받은 성격 탓인가?
주변 친척, 동생들, 도움은커녕 오히려 짐 보탤 때가 빈번하니
그때마다
어려운 가정에 어린 나이에 맏며느리로 시집와
한숨으로 참아준 가족이 있었기에 버틸 힘을 얻었다네
그럼에도 불구하고
감당치 못할 시험 당함을 허락지 아니하시는 하나님!
때때로 피할 길로 은혜 베푸셨네.

그러나 돌아보면
남이 가지지 못한 것 많이 가졌음을 이제 알았네.
많은 가족 장애 하나 없이 사고 없이 오늘에 이르고
구순을 훌쩍 넘긴 어머니와 7형제 건강하고
아들 셋 신앙 가운데 맡은 일 충실하며
후손의 복도 누리게 하셨음을…….
예상치 못한 도로개설 계획으로 보상금 받아
묵은 빚 깨끗이 청산하고

새 둥지 마련하고도 여유가 있으니 이 또한 과분한 은총이 아닌가?

남은 소망 한 가지 더 있다면
지친 몸을 이끌고 새벽기도로 일과를 시작하시고
평생 가족만을 위해 몸 바치신 어머님!
맑은 정신, 고통 없는 평안함으로
하나님의 부르심 받기 바람은 욕심이 아니리라는 생각이다.
역사를 잊어버리는 민족에게는 미래가 없다.
끝이 좋으면 다 좋다는 말이 있다.
네 나중은 심히 창대하리라는 말씀에 힘을 얻는다.

함께하신 여러분!
칠순의 삶을 통해 우리 자신도 한번 돌아보면 어떨까요?
지금 누리고 있는 것 다시 한 번 계수해 보면서 일상에서 감사합시다.
오늘 칠순을 맞은 형님 내외분은
100세 시대에 남은 30년은 좀 더 여유롭게 자식 효도와
손 자녀 재롱 받으며 행복하시길 바라며
동생들의 마음을 모아 축하와 위로의 글을 드립니다.

2017. 8. 26

보람된 복지관장 5년

2년 반의 자치행정국장 재임 시 산하 12개 부서 중 3과가 복지관을 비롯한 복지업무를 관장하고 있었다. 명절이나 연말연시 위문품 전달이나 특별한 행사가 있을 때 방문하여 인사말을 전하고 예산을 지원하는 것으로 소임에 충실했다는 생각만 했지 그리 높은 관심은 가지지 못했다. 막상 복지관장 책상에 앉고 보니 4~50개의 프로그램과 어르신 중심의 사업들, 특히 영구임대아파트란 특수성을 실감하게 되었다.

1월의 깜깜한 밤, 퇴근길을 나서는데 고층에서 먹다 남은 국수를 창밖으로 버려 칼국수 찌꺼기가 세워둔 차량 위에 꽁꽁 얼어붙어 있었다. 어느 날은 고층에서 던진 소주병이 주차장에 박살 나 있었다. 직원 출근에 앞서 복지관 로비에서 떠들어대는 주민들의 목소리는 왜 그렇게 큰지, 사무실 근무환경을 바꾸어야겠다는 생각이 먼저 들었다. 이러한 고민으로 답답했던 마음은 금세 해결 되었다. 아무렇지도 않다는 듯 근무하는 직원들을 보면서 환경에 앞서 이들을 대하는 나의 태도가 문제였던 것이었다. '복지관에서까지 이들을 쫓아내면 어디로 갈까?' 생각하니 대답은 너무나 명쾌했다. 더불어 살아가야 하는 복지관 이용객들인데 말이다.

 가족들을 설득하여 알코올 중독자를 병원에 입원시키고, 마을 대표로 조직된 사례회의를 통해 열악한 주민의 실태를 분석하여 지원했다. 마을 가꾸기 사업으로 벽화도 그리고, 복지관 주변과 현관 입구에 꽃 화분을 배치했다. 철 따라 화분에 꽃을 심으니 첫해에는 많이 뽑아가 버렸다. 뽑힌 빈자리를 다시 보식하며 이년, 삼 년을 지내니 이제는 뽑아가는 사람이 거의 없다.

 복지관에서는 매일 100여 명에게 무료급식을 하고, 출입이 불편한 30여 세대에는 도시락을 배달하고 있다. 급식과 도시락의 조리와 배식은 모두 20여 개 자원봉사 단체가 윤번을 정해 운영한다. 어쩌다 일이 있어 하루라도 봉사를 못하면 한 달 내내 마음이 편치 않다며 10년을 하루처럼 봉사하시는 분도 계시고 직장에 휴가를 내고 오는 봉사자들도 있다. 이분들을 볼 때면 존경의 마음이 저절로 샘솟는다.

 연세가 높아지면 아이가 된다. 급식봉사를 하는 봉사자들은 개성 강한 어르신의 만만찮은 투정도 웃으며 다 받아준다. 어르신 중에는 욕심이 강한 분들도 계신다. 바나나와 요구르트를 얼른 가방에 넣고 더 달라 하시는 어른들도 있다. 일제강점기과 격동기를 지내오신 어르신들의 어려웠던 인생을 생각하면 가진 것 지키려는 강한 마음도 이해된다.

 대한민국의 70세 이상 모든 어르신은 나라가 주는 훈장은 없어도 애국자라 생각한다. 전쟁과 배고픔을 이겨내며 자식 공부와 저축으로 이 나라와 가정을 일구었기 때문이다. 이런 환경을 체험한 어르신이 아껴 쓰며 절약한 것을, 다시 아낌없이 나누어 주는 사례를 소개하려 한다.

90세를 넘기신 최해수 노인회장님은 대한민국 직업군인인 육군상사 출신이다. 퇴직 시 일시금으로 퇴직금을 수령하였기에 지금 월수입은 자녀들이 매월 보내주는 용돈과 노령연금이 전부다. 하지만 영구임대 주민 중 병원비가 없거나 아쉬운 일이 있는 주민은 꼭 노인회장님을 찾는다. 매월 마지막 토요일 '할배 할매의 날'에는 어린이집 아이들이 율동으로 경로당에서 위문공연을 펼치는데 회장님은 아이들의 간식대로 작은 봉투를 미리 준비하시곤 한다. 복지관 직원들이 매년 설날 경로당 어르신께 세배할 때는 봉투에 새해 인사까지 붓 펜으로 정성들여 쓰고 각 만원의 세뱃돈을 넣어 나누어 주셨다. 한 달 용돈은 한 달에 모두 쓰는 것을 기본 원칙으로 사신다고 한다.

이 어르신은 육군상사로 재직하며 4개 부대를 창설하는 실무자로 육군본부에 근무하신 것을 가장 자랑스럽게 생각하신다. 군인정신이 살아 있어서인지 지금도 경조금을 전할 때나 봉투에 보관할 때도 돈은 언제나 한 방향으로 가지런히 정리하신다. 노인회장직을 내려놓고서도 틈틈이 요구르트를 배달하여 어르신들에게 나눔을 실천하신다.

경로당에 청소를 돕는 지적 장애인 남편이 60대 초반에 상을 당했다. 조문하면서 하시는 말씀이 건강치는 않아도 나보다는 더 오래 살 줄 알았는데 그 집 형편에 부의금을 많이 줘야 하는데 이번 달에는 용돈을 많이 써 버려 전 재산이 12만 원뿐이니 10만 원 밖에 부의금을 전할 수 없다며 아쉬워하셨다. 자식들이 보내준 용돈과 노령연금을 한 달 동안 남김없이 모두 쓰지만 진작 자신을 위해서는 인색한 생활을 하시는 분이시다.

후임 노인회장님은 영구임대 아파트에 오래 거주하신 분이다. 가족이 전혀 없는 독거세대에 기초 수급자시다. 일찍이 조실부모하고 고아처럼 어린 시절을 보내셨다. 이제는 보살펴주거나 용돈 줄 가족도 없고 남길 유산도 없이 정부가 주는 기초 수급자 생계비에 의존하지만 절약하고 남은 것을 값있게 쓰고 싶다며 아동센터 후원금으로 백만 원을 현금으로 찾아오셨다. 기초생활보장 수급비를 아껴 모은 돈으로 기부하는 것이 이번이 처음이 아니다. 몇 년 전에도 같은 방법으로 후원했는데 아동센터 아이들을 보면 어릴 적 기억이 떠오르기 때문이라고 하신다. 폐품이 있으면 모아 팔아 아껴 쓰고, 어느 정도 모이면 장애인복지관 등 여러 단체에 몽땅 기부한 것이 여러 번이라는 말을 들었다. 나이가 들수록 입은 닫고 지갑은 열라는 말을 하지만 다수의 사람들은 정반대로 행동한다. 돈 쓰는 습관에 익숙지 않아 쓰지 못하는 것이 보통 어른들의 모습인데 두 분을 보면서 깨달음이 크다.

복지관 45개 프로그램 중 어르신의 한글 평생교육 2개 반을 4개 반으로 확대 운영하게 되었다. 교통 여건상 오고 싶어도 올 수 없는 9개 오지 마을을 중심으로 자원봉사자가 마을을 방문하여 수업하는 한글 공부방 '글지기 교실'을 개설했다. 공부방에서 공부를 하신 어른들은 "한글을 배우고 나니 전통시장에서 장보고 집에 돌아갈 때 오는 버스 번호를 남에게 묻지 않아서 너무 좋다. 농협에 가서 내 이름 석 자를 쓰고 돈을 찾을 수 있어 너무 행복하다."는 이야기를 하신다.

글지기 교실 연중 수업을 마치고, 졸업에 즈음하여 살아온 역사를 문집으로 발간했다. 어르신들은 손자 이야기, 평생 살아온 이야기, 한이

맺힌 어려웠던 사연 등 묵은 사연을 글로 펼쳐 내셨다. 평생 교육과정에서 삶의 흔적을 드러내신 몇 분의 사연을 간략히 소개한다.

홍시 (정O자. 74세)

생각이 난다. 홍시가 열리면 울 엄마가 생각이 난다. 자장가 대신 젖가슴을 내주던 울 엄마가 생각이 난다. 노래 가사를 볼 때마다 돌아가신 우리 어머니가 생각난다. 우리 어머니는 홍시를 제일 좋아하신다. 하지만 아무리 홍시가 많아도 갖다 드릴 어머니가 이제는 안 계신다. 어머니가 더욱 보고 싶다.

가을 소풍(김O자. 75세)

제주도 비행기 좌석이 A25였다. 승무원 아가씨가 할머니 좌석 잘 찾으시네요. 이우순 선생님 영어 잘 가르쳐주신 덕분에 쉽게 찾아 앉았다. 제주도 가을 소풍에 복지관에서 공부하는 동기 친구와 함께 손자 손녀들 가을 소풍 가듯이 하하 호호 신이 났다. 서커스 구경도 하고 식물원도 둘러보고 바비큐 파티도 하고 윷놀이 한판에 신나는 소풍은 끝나고 몸은 피곤하지만, 마음은 아직도 여전히 신이 난다.

기막힌 사연도 있다. 어쩌면 그 시대에 공통적인 사연인지도 모른다. 사연이 길어 다 쓰지는 못하고 요약하면 이렇다.

아버지 어머니 (허O생, 75세)

아홉 살 때 어머니는 남의 집 일가시고 보리쌀 밥을 지어놓으면 어머니가 일마치고 오시면 밥을 참 잘 지었구나 칭찬하셨다. 6남매 여덟 식구에 방은 하나였으나 불편하지 않았다. 먹을 양식이 부족해서 열한 살 때 남의 집 식모로 갔다. 사과밭 집인데 심부름도 하고 사과밭 소독을 약 때는 약통 위에 올라앉아 약을 계속 저어야 한다. 약통을 젖다가 잠이 와서 내 키보다 더 큰 약통에 빠질 뻔했다. 정신을 차리고 또 차렸다. 3년이 지나 그 집을 나왔는데 가족들은 모두 강원도로 이사를 하셨다. 식모 집에서 나오니 갈 때는 없어 강가에 가서 한없이 울었다.

외할머니 집을 찾아가니 할머니가 반갑게 맞아 주셨다. 그 집에서 찾아와 다시 가자고 하였지만 가지 않았다. 며칠이 지나 외할머니가 대구에 어떤 분의 소개로 다시 남의 집으로 갔다. 나는 가기 싫어 몰래 하염없이 울었다. 우리는 왜 이렇게 못살까? 그 집에서 또 3년이 지날 무렵 어머니가 찾아오셨다. 어머니를 따라 강원도 황지로 갔다. 아버지가 탄광 일 마치고 돌아오실 때는 온몸이 새까맣다. 식구를 위해 너무 힘이 드시는 것을 깨달았다. 황지는 눈이 자주 오고 바람이 불고 추웠다. 어머니는 황지에 있는 소장 집에 또 가라고 하셨다.

그 집에서 몇 년 있다가 22세에 부모님의 말씀 따라 시집을 갔다. 시집가서 오년 만에 아이가 네 살, 두 살 때 남편이 사고로 돌아가셨다. 너무 어이가 없어 눈물이 나오지 않았다. 탄광굴에 35명이 들어갔는데 15명이 사고로 돌아가셨다. 내 나이 27세였다. 몇 년을 더 살다가 다시 고향 영천으로 돌아와 공장에 취업하여 오랫동안 서서 일했는데 허리와 다리가 너무 아팠다. 이제는 아이들이 잘 커서 두 딸 시집가서 잘살고 있다.

지금까지 여러 사람이 염려 걱정해 주시고 사랑해 주셔서 감사드린다. 글도 배워 내 마음을 나타내도록 도와주신 선생님과 복지관에 정말 감사드린다. 오늘까지 지켜주신 하나님의 은혜에 감사하는 마음뿐이다.

저 강은 알고 있겠지. (김O순, 73세)

작은 아이는 외갓집에 맡기고 이만 원을 들고 큰 아들과 시외버스에 몸을 실었다. 흥암동에 이만 원짜리 전세방을 얻어 실 감는 방직공장에 취직하여 아이는 주인집에 맡기고 검정 고무신의 내 모습이 너무 초라했다. 지친 몸으로 돌아오면 주인집 아주머니 따뜻한 안방 아랫목에 아이가 자고 있었다. 친정엄마처럼 잘해 주셨다.

둘째 아이가 와서 방이 너무 좁아 이사하던 날 주인집 아주머니가 잘 살아야 한다며 통곡을 하셨다. 참 고마운 분이셨다. 맨손 들고 고통 속에서 삼 남매를 키웠다. 아이들이 자라고 나니 흥암동 처음 살던 곳 아주머니가 생각나 찾아가니 철거되고 흔적도 없다. 참 허무했다. 내가 고생한 것 말을 하면 한도 없고 끝도 없다. 그러나 우리 큰아들 하는 소리 우리 어머니 주제곡은 '저 강은 알고 있다'라며 나를 위로한다. 큰아들 술 한 잔 마시면 우리 어머니 고생하신 노래는 '저 강은 알고 있다'라며 노래를 부른다. "내 노래를 네가 왜 부르는데?" 하니 "아이고 우리 어머니"하며 나를 꼭 안아주며 오래오래 건강하게 사시라는 위로에 내 마음이 든든하다. 사랑하는 아들, 딸 고마워 사랑해!

일찍 글을 배웠더라면 시인이요, 유명 문학가로 이름 올리시기에 충분하신 분들이다. 어르신 한 분이 돌아가시면 박물관 한 개가 없어지는 것과 같다고 한다. 한 분의 삶이 아니라 나에게 맡겨진 시대적 숙명의 삶이요 역사이다. 나라가 주는 국민훈장이 가슴에 달려있진 않아도 가족을 위해 헌신한 삶, 그 자체로 오늘 이 나라를 굳건히 세운 애국자들이시다.

연애편지는 못 받아 봤는데, 요즘 어르신들에게 편지를 종종 받는다. 학교 방학이 끝나고 개학 때마다 방학 생활과 안부를 묻는 편지를 주시는 어르신이 몇 분 계신다. 비록 맞춤법이 틀리고 앞뒤 순서는 맞지 않아도 그 마음을 이해하기에는 충분하다. 이분들의 삶 속 애환과 살아온 이야기 60여 편의 사연을 모아, 두 번째 문집 '자꾸자꾸 잊어버려도 나는 또 배운다'를 발간했다. 소박한 꿈도 물어 보았다. '한글공부를 하고 싶다.' '꽃필 때 예쁜 스카프를 두르고 가끔 봄놀이 가고 싶다.' '나라의 평화를 기원한다.' '가는 날까지 오늘처럼 잠자면서 갔으면 한다.'며 많은 노년의 꿈과 바람을 적어주었다. 문집발간 소식을 접한 이성대·윤경란 부부 후원자가 문집발간비용을 부담해주셨다. 수료식을 마치고 문집을 받아 든 어르신들의 표정이 초등학교를 졸업하고 교정을 나서는 아이들보다 더 밝았다.

홀로 계시는 어른들의 생활은 실제로 안타까운 실정이 많다. 전기장판보다 바깥 햇살이 좋아서 방안보다 바깥 양지쪽에서 종일 지내시는 어른, 자식이 1년에 한두 번 택배를 보내주거나 집에 오는데, 집에 와도 방에는 안 들어오고 그냥 간다고 말하는 말끝에 힘이 없다. 1년에 한두 번 냉동식품 택배를 보내주는 자식, 집에 와도 방에 들어와 보지도 않는 자식이 있기에 기초 수급자도 되지 못하는 것이 옳단 말인가? 자식이 버젓이 존재하나 왕래는 없고 자식 재산이 있으니 수급자도 될 수 없는 사각지대에 있는 어르신들이다.

가까이에 자식이 여럿 있으면서 찾지 않는 대표적인 원인은 돈 문제이다. 맏이가 독식했거나 자식 중 하나가 부도로 부모 재산을 탕진하는 등 이유야 제각각이겠지만 부모, 자식, 형제, 자매간에도 늘 돈이 문제다. 차라리 돈이 없었더라면 왕래만은 끊기지 않았을 텐데……. 그래도 부모는 애써 변명하신다. "곧 오겠지요?" 차타고 10분이면 족한데 마음의 거리는 이역만리가 되고 있다.

누군가의 정기적인 보살핌이 없이는 스스로 관리도 되지 않는 알코올 중독자, 심신이 약한 사람도 많다. 사연을 말하자면 끝이 없다. 알코

2019 평생학습 교실 수료식을 마치고.

알 중독의 70대 할아버지는 멀지 않은 곳에 3남매가 있다. 홀로 생활이 어려울 것 같아 어렵사리 3남매와 각각 연락하였으나 오히려 심하게 화를 낸다. "개인정보인데 어떻게 전화번호를 알았느냐! 부자인연 끊은 지 30년이니 연락하지 말라!" 3남매가 공통된 대답이다. 자초지종을 듣자니 어릴 때 아버지에게 매를 너무 맞았다는 하소연이었다.

살아온 세월만큼 생활양식도 다양하다. 100여 명을 대상으로 무료급식을 하다 보면 별식을 배식할 때는 마음들이 변한다. 바나나, 과일, 캔 음료는 먼저 가방에 넣고 나만 안 준다고 떼쓰는 분, 새로운 사람이 오면 여기가 내 자리이니 비키라며 텃세를 부리는 분도 있다. 친구와 싸워도 어머니께 일러바치는 어린아이처럼 푸대접을 받았다고 찾아오시는 어른도 가끔 계신다. 노인이 되면 어린아이로 돌아간다는 말이 꼭 맞다.

나 역시 멀지 않은 날 어르신들이 닦아 놓은 그 발자취를 따라가겠지.

호사다마(好事多魔)의 홀인원(Hole In One)

　골프의 홀인원은 평생 운동을 해도 한번 하지 못하는 사람이 더 많으나 여러 번 하는 사람도 있다. 하루 운동하는 18홀 중 4개 홀은 대개 100~180m 내외로 세 번째 넣는 것이 기본인데 한 번에 바로 들어가는 행운을 얻는 일이다. 기량으로 홀인원 하는 프로선수와 달리 아마추어는 기량보다 행운으로 홀인원 하는 경우가 흔하다. 그래서 홀인원은 3년간 행운이 따르고 동반자도 1년간 행운이 있다고 한다.
　골프에 입문한 지 3년도 되지 않아 180m 홀인원을 했다. 180m 거리를 한 번에 날아 10.8cm 홀컵에 공이 들어간 것이다. 12월의 이른 아침 땅이 얼어 150m쯤 떨어진 공이 탁구공처럼 몇 번 튕기더니 타원형을 그리면서 땡그랑 홀에 빨려들어 갔다. 첫 홀인원을 하고 꼭 3년 되던 날 두 번째 홀인원을 했다. 두 번째는 다행히 300만 원 홀 인원 보험 가입을 해 놓았다. 홀인원을 하면 동반한 캐디에게 사례하고 그 캐디는 동료들에게 떡을 나누는 것이 통상관례다. 그리고 동반자의 일체 비용을 홀인원 한 사람이 부담하는 별도 기념 라운드를 한 번 해야 하니 비용이 만만치 않다. 물론 동반자들은 기념패와 선물로 축하 답례를 한다.

나중에 안 일이지만 홀인원 보험은 현금으로 지급해주는 것이 아니었다. 사용한 비용을 청구하여야 하고 관례로 비용이 드는 캐디 사례나 기념 라운드 비용은 가장 기본인데 보험적용이 되지 않는다는 것에 어처구니가 없었다. 지급한 식사비의 영수증이나 기념품을 구입한 비용으로 영수증을 첨부하여 청구하여야 했다.

자주 가는 식당에 카드를 끊고 취소한 후 연말 현금이 궁한 자영업자에게 현금 결재를 하여 고맙다는 인사까지 들었다. 그로부터 꼭 3년이 지나 골프보험사가 신용카드결재를 하고 취소된 내역을 확보하여 고발했다. 나중에 안 일이지만 보험사가 결재 후 취소한 내역을 카드사와 공유하는 줄 몰랐다. 관례상 당연히 필요한 캐디 사례와 기념 라운드 비용을 위해 보험을 가입하는데 보험적용대상이 안 된다는 것은 보험사의 갑질이다. 그러나 결과적으로는 깨알 같은 보험사 약관을 다 이해하지 못한 나의 귀책이다.

홀인원은 3년간 행운이 오고 동반자는 1년간 행운이 온다고들 하는데 행운을 얻기는커녕 3년 만에 고발당하는 호사다마(好事多魔)로 돌아왔다.

행복 축제 한마당

1인 1차 시대다. 영구임대아파트 주민들도 예외가 아니다. 승용차는 없어도 전동차나 유모차는 있으니 1차 시대이기는 마찬가지다. 거동이 불편하다 보니 이곳 주민들이 외부행사에 참석하기 위한 이동이 불가능하다는 말이다. 한약 축제나 지역문화제 등 지역축제가 열려도 그림의 떡이다. 이러한 문화 소외지역의 문화갈증 해소와 단지 내에서 함께 하루를 즐기는 프로그램이 '행복 한마당 축제'이다.

매년 10월 말 오곡이 풍성한 하루를 택하여 지역 가수를 초청하고, 오진교 회장이 이끄는 문화봉사회의 음향지원과 색소폰 연주 공연, 주민 노래자랑 등 그때그때 적절한 프로그램으로 구성한다. 바자회는 ㈜신미와 이마트에서 매년 후원한 물품을 저가로 나누고 해조류 등 구매한 생산품은 거의 원가로 판매한다. 판매보다 나눔에 더 큰 의미를 두기 때문이다. 국밥, 자장밥, 부추전과 음료는 각각 천원으로 제공된다. 천원의 행복이 목적이다. 무료제공 때보다 질서도 있고 어르신들이 더 떳떳한 모습으로 이용하신다.

TBC 장수효도프로그램인 '싱싱 고향 별곡' 진행자 기웅 아재와 단비 역시 4년 연속 기부출연으로 어르신들에게 큰 기쁨을 전해주고 있다. 공연 마무리 멘트로 내년에 다시 오겠다는 인사를 잊지 않는다. 자원봉사의 참 의미를 이해하고 동참하는 고마운 분들이다.

2019 행복한마당 축제(한기웅과 단비 기부출연)

윤성 Dream사업

제목을 거창하게 붙였다. 열악한 곳에 작은 꿈을 심어보자는 의미다.

금호읍 원제리 소재, 윤성 임대아파트는 주택난이 심각한 수도권의 주택보급을 위하여 지금은 폐지된 주택건설촉진법이란 특별법에 근거하여 대단지 아파트로 농촌 지역인 금호읍 원제리에 건축되었다. 법의 맹점을 이용해 정부 지원을 노린 주택업자의 계획된 연출이었다. 주택보급률 100%가 넘는 읍 지역 외곽마을에 건설된 10평 내외 소형 1,747세대 대형임대아파트이다. 준공을 얼마 앞두고 건설업자의 부도로 건설 후 20년이 되어서 겨우 준공 처리되었다. 일부는 중복도 아파트이다. 부대시설이나 공공시설뿐만 아니라 임대료가 가장 싸다는 이유로 외국인 근로자나 생활이 극히 어려운 사람들이 많이 거주하고 관리 주체가 제대로 운영되지 않아 주거환경이 심히 불량한 지역이다. 단적인 예로 동당 승강기 3기가 있으나 전기료 절약을 위해 1기만 운영하고 있을 정도다.

영남대학교 영천병원의 지원을 받아 윤성 Dream 사업을 시작했다. 입주자와 소유자 대표와 오찬을 겸한 간담회를 개최했더니 의심과 관망의 자세였다. 세대조사, 경로잔치와 부식지원, 환경조성을 위한 꽃 심기, 쉼터 조성과 문화공연사업을 했다. 1:1 김장 지원 사업은 김장할 때 한 포기 더하기로 윤성아파트 한 세대에 김장 지원을 하는 사업이다. 김장을 세대에 전달할 때의 일이다. 홀로 사시는 할머니들은 문을 잘 열어주지 않는다. 무작정 찾아와 자식들의 거처를 알려 달라는 사람들이 찾아오기 때문이라고 한다. 냉장고를 열어보니 텅 비어 있었다. 김장을 전달하니 감사하다고 보약처럼 아껴두었던 드링크 두 병을 꺼내신다. 두 병의 음료가 냉장고 안에 있는 음식의 전부였다. 그것을 꺼내주려는 할머니 삶을 마주 보고 있는 순간 만감이 교차했다.

마트의 한 봉지 라면 값은 대체로 일정하다. 그러나 같은 라면이라도 필요한 사람의 정도에 따라 한 봉지 라면의 가치는 확연히 다르다. 그래서 부식전달이나 자원봉사단체의 활동도 윤성아파트를 대상으로 할 때가 많다. 분기마다 봉사하는 ㈜신영 봉사단이 쉼터를 정비하거나 물품 키트를 전달할 때는 어린아이들도 함께 참여한다. 고사리 손으로 물건을 나르고, 아이들의 손을 잡고 봉사하는 봉사단의 밝은 모습은 어른을 공경하는 법을 가르치는 교육의 장이다. 야간근무를 마치고 참석하는 봉사자, 곧 교대근무를 해야 하는데 참여하는 봉사자들도 있다. 봉사 물품 구매는 급여의 자투리를 모아서 하는데 일부는 회사에서 지원한다고 한다. 그분들은 휴일 봉사에도 늘 밝은 표정을 짓고 계신다.

윤성아파트에서 10일장이 열린다. 농산물과 이불 등 공산품 판매상이 10일 단위로 이곳을 방문한다. 10일장 개설에 맞추어 청소년 밥차로 무료 음료를 제공했다. 자기 물건을 펼치기에 바쁜 상인들이 몰려와 청소년 밥차의 배너 설치를 도와주고 차량 주차 공간도 확보해 주었다. 또 아직 첫 판매도 하지 않은 과일을 주기도 했다.

진심은 통하는 것이다. 그동안 환경정비를 위해 청소와 꽃을 심고 놀이터 도색과 부식을 전달하며 연말에는 김장 지원 사업을 하는 모습을 보며 비록 내가 받지 않아도 복지관이 어떤 마음으로 이곳을 방문하고 있다는 것을 알게 되었기 때문일 것이다.

독거 어르신 돌봄 사업

우리 지역에 거주하는 네 사람 중 한 사람은 노인이다. 홀로 사시는 어르신은 8천여 명으로 노인세대 셋 중 한집이다. 그중 기본 돌봄 서비스 대상자는 1천700명이다. 복지관에서는 고독사 예방을 위한 안전 확인을 위해 주 1회 방문하고 2회 이상 전화를 드린다. 일주일에 한 번씩 방문해 외로움도 달래드리고 관내 식당의 후원을 받아 만수상(萬壽床)도 차려드린다. 만수상이라 해봐야 모시고 와서 한 끼 점심 대접하고 케익을 나누고 귀가시켜 드리는 것이다. 어르신들이 가장 좋아하시는 선물은 무릎이나 허리에 붙이는 파스다. 몇 장의 묶음 파스 선물에도 귀갓길 발걸음이 한층 가벼워진다. 점심때 바쁜 영업시간임에도 만수상의 의미에 동참하여 기꺼이 한 끼 식사를 후원해주시는 음식점 대표자분들이 정말 고맙다.

어르신과 짧은 시간 함께 앉아 몇 마디 나누지 못하고 듣기만 해도 마음과 생활을 엿볼 수 있다. "이렇게 나와서 같이 먹으니 밥맛이 난다." "혼자 먹는 건 맛이 없어 먹을 수가 없다." "밥 한술 말아 된장하고 방바닥에 앉아 오봉음식을 나르기 위한 둥글납작한 넓은 받침 그릇.에 담아 먹고 말지 냉장고에서 이것저것 꺼내 반찬 뚜껑 열고 차리는 것 자체가 싫다."는 말씀도 이해가 된다. 자식들이 만들어 냉장고에 넣어 놓은 반찬을 열어보지도 않았다가 주말에 누가 와서 볼까봐 금요일이 되면 뒷산에 버리고 오신다는 할머니! 다시 자식들이 올 때는 "잘 먹었다. 맛있었다." 거짓말하는 것이 이제 익숙해졌다고 말하며 쓴웃음을 지으신다.

설 명절은 연휴가 길어 무료급식이 중단되고 영구임대아파트 447세대를 포함한 독거 어르신 떡국 지원 사업을 한다. 후원 사업으로 시작한 설 명절 떡국 지원은 약 2천 세대에 배달된다. 적극적으로 참여해주신 기관단체와 ㈜한중 NCS 등 참여기업 대표께 감사드린다.

설 명절이 되어도 자식이나 친척 방문이 전혀 없는 분이 얼마나 되는지 조사했다. 조사라 해봐야 어려운 것은 아니다. 매주 방문하는 생활

2016 ㈜한중NCS 김환식 대표외 임직원 설 명절 떡국 후원

복지관 직원과 봉사자가 준비한 설 명절 독거 어르신 음식 나눔

관리사가 '설 명절에 누가 오세요?' 한 번만 물어봐도 어르신은 가슴에 있는 말을 다 쏟아 내신다. 과일, 전, 나물, 떡국 재료를 담은 설 명절 음식 키트에 생활 관리사와 직원, 자원봉사자가 준비한 떡국을 끓여 나누고 세배도 드린다. 사진의 86세 어르신은 "이렇게 같이 앉아 밥 먹은 지 십 년은 넘은 것 같네, 생각도 잘 안 난다."라고 말씀하시며 웃지만 듣는 이들은 가슴이 찡하다. 수없이 고맙다는 말을 하시면서 만원의 세뱃돈을 기꺼이 사양하시고 우리 일행을 배웅하신다. 많은 것을 느끼게 하는 설 명절 떡국 나눔의 시간이다.

자식은 누구인가? 부모의 청춘을 송두리째 바꾸어 놓은 존재가 아닌가? 그럼에도 부모는 어떤 존재인가? 다 주고도 늘 미안한 존재가 부모다.

이런 사연도 있었다. 남의 창고를 개조하여 생활하는데 화장실 없이 30년을 살고 있었다. 골목길 앞 친구 집 화장실을 사용한 지 30년이나 되었다는 것이다. 연탄가스 사고 위험도 있어 영구임대 아파트 이주를 권유했지만 완강하게 거부하셨다. 30년을 살아온 이대로가 좋다는 것이었다. 화장실 같이 쓰는 친구 외에는 대화 나눌 상대도 마땅히 없었다. "작은 어항에 물고기 밥을 주고 보는 것이 유일한 낙이고, 밖에 나갈 때는 물고기에게 갔다 온다고 꼭 이야기하고 외출하신다."는 말씀에 외로움이 가득 묻어 있다.

가슴 아픈 사연도 많다. 1천7백여 명의 독거 어르신을 돌보는 64명 생활 관리사가 매주 방문하여 듣는 사연은 제각각이다. 자식에게 하지 못하는 사연을 쏟아 놓으시는 것이다. 80대 이후 부부가 함께 있는 세대보다 혼자 사는 세대가 많다. 주로 할머니 중심이다. 그분들은 경로당에서 점심뿐만 아니라 저녁까지 해 드시고 놀다가 늦게 헤어지기가 일상이다. 그 중 한 할머니가 영감님이 계시니 밥 챙겨줘야 되어서 친구들과 같이 놀지도 못한다고 연일 푸념이 심했다. 재미있는 꽃노래도 한번 두번인데 집에 가서도 영감님께 자주 퍼부었나 보다. 오늘 저녁은 내가 알아서 먹을 테니 친구들과 놀다가 늦게 와도 괜찮다는 영감님의 말대로 친구와 저녁까지 해 먹고 늦은 시간에 귀가했는데 할아버지는 할멈을 경로당에 보내고 스스로 극단적 선택을 하고 말았다.

노인은 어린아이처럼 단순하다. 자신의 무력함과 이제부터라도 다른 사람에게 짐이 되지 않겠다고 판단한 것이다. 내뱉는 말은 항상 신중해야 한다. 사람들은 "요즘 밥 못 먹는 사람 어디 있느냐" 쉽게 말한다. "기초 수급자가 정부 돈 받아 더 잘 산다" 말도 한다. 맞는 말일 수도 있다. 오래전 자식들의 단절로 기초 수급자가 되고 부양 관계에 있어 단절상태로 있으면 외제승용차 타는 자식이 버젓이 있을 수도 있다. 안타깝게도 자식은 존재하나 왕래는 없고 자식들이 재산이 있으니 기초 수급자도 될 수 없는 사각지대에 계신 분들도 많다.

이와 별도로 응급 알림 서비스사업은 응급이 발생했을 때 복지관과 소방서에 알림이 되는 전화기를 설치해주는 사업이다. 가스레인지에 음식을 태워 연기가 나거나 한동안 움직임이 없을 때, 알림이 울리는 제도로 100명을 한정하여 서비스를 시행한다. 응급 알림 서비스를 담당하는 직원의 하소연에 공감이 간다. 자주 뵙다 보니 손자처럼 대해주시다가 어느 날 요양원으로 가시거나 갑자기 돌아가시면 가족에게 연락하여 기계를 철거하는데 그때 그곳에 살던 어르신들의 마지막 모습이 떠올라 마음의 충격이 심하다고 한다.

캄보디아 집 짓기 봉사

내가 캄보디아를 방문한 것은 총 네 번이다. 경상북도와 캄보디아가 공동으로 개최한 문화 엑스포 준비단으로 2005년 첫 방문을 했다. 당시는 입출국 심사 때 공항 정복을 입은 공안원이 '원 달러 패스'라고 외치면 1달러를 여권에 끼워 건네주면 되었다. 그러면 긴 줄을 서서 기다리지 않고도 바로 쾅! 쾅! 여권에 날인을 해주고 입국 통과가 완료되던 때였다.

실무 미팅을 마치고 텅 빈 벌판뿐인 현장으로 안내되었을 때, 그곳에서 국제문화교류 엑스포를 하겠다는 말에, 일행들은 도로·교통·통신을 비롯한 시설물 설치에 대한 질문을 연달아 할 수 밖에 없었다. 기반시설 위에 문화행사를 기획하는 것은 너무나 당연했는데 그들의 대답은 "Not a Problem. 아무 문제없다."는 것이었다. 대책 없는 여유로움이었다.

공무 출장이지만 관광이 짬짬이 이뤄졌다. 톨레샵 호수를 관광할 때, 아이들이 1달러를 구걸하기 위해 맨발로 위험하게 관광차를 따라다녔다. 또 호수 위 배 주위에서 둥그런 고무 다라이를 타고 노를 저어 다니며 물건을 팔기도 했다.

첫 방문 후 15년이 지난 2020년, 경상북도 14개 복지관이 연합하여 관장 중심의 해외연수를 캄보디아 집짓기 봉사로 대체했다. 도시 중심가는 발전된 모습이었지만 외곽지 풍경은 15년 전과 조금도 다를 바 없었다. 이곳 아이들은 취학연령이 되어도 학교에 가지 못했다. 인근에 학교가 없고 원거리 학교까지는 다닐 교통수단이 없으며 유학을 보낼 경제적 여력도 되지 않았다. 아이들은 학교는커녕 늪지대 연꽃을 직접 따서 판매한 돈으로 생활을 했다.

집짓기 봉사 공정은 간단했다. 난방도 전기도 없으니 배관 설비가 있을 리 만무했고 미리 제작된 목제에 못만 박으면 되었다. 이들은 함석지붕에 홈을 달고 빗물을 받아 모아 식수로 썼다. 식수는 고온에 직사광선을 받는 플라스틱 통에 담겨 보관했는데 작은 물벌레와 이끼 등 부유물이 가득했다. 그래도 개의치 않고 그 물을 마셨다. 곳곳에 물웅덩이와 배수로를 돌아다니던 닭들이 사람이 먹는 그릇을 밟고 다녀서 닭의 흙발 자욱이 선명한데도 별로 상관하지 않았다.

캄보디아 하면 으레 지도자를 잘못 만나 선량한 지식인들이 대량 학

경상북도의 복지관장 집짓기 봉사

살당한 킬링필드를 떠올린다. 1975년 캄보디아의 공산주의 무장단체인 크메르루주 정권이 론놀 정권을 무너뜨린 후 전 국민을 개조한다는 명분으로 인구의 4분의1에 해당하는 200만 명의 지식인·정치인·군인·부유층을 학살한 사건이다. 당시의 교도소를 방문했을 때 발목을 묶은 쇠사슬과 용변통 등을 보았는데 끔찍했던 당시 상황을 연상할 수 있었다. 교육을 받지 못하고 관광버스를 따라다니거나 톨레샵 호수 주변에서 1달러를 구걸하는 맨발의 어린아이들 역시 지도자를 잘못 만난 국민의 비애이다.

　이와 비슷한 나라가 있다. 캄보디아 집짓기 봉사를 한 2년 후 루마니아를 방문할 기회가 있었다. 루마니아는 오스만 터키로부터 독립해 루마니아 왕국을 세웠는데 1947년 인민공화국으로, 1965년 사회주의 공화국으로 국호를 고치고 차우세스쿠가 당 제1서기가 되었다. 차우세스쿠는 북한 김일성과 의형제를 맺고 평양을 방문할 때마다 김일성의 개인숭배 제도를 배웠다. 김일성도 루마니아를 세 번이나 방문할 만큼 두 사람의 친분이 두터웠다고 한다.

차우세스쿠는 북한 방문 시 김일성 주석궁을 보고 차우세스쿠 궁전 건축을 계획하고 궁전과 광장 건설, 진입 거리 조성을 위해 7만 명을 강제 이주시켰다. 단일 건물로는 미국의 펜타곤 다음으로 크기가 큰, 세계 두 번째 규모의 건축물이다. 궁전은 사방이 같은 모양이다. 궁전으로 진입하는 숲의 공원을 마무리하기 전인 1989년 유혈혁명으로 차우체스쿠 정권은 붕괴되었고, 체포되어 공개 총살을 당했다. 궁전 건물은 지금 국회의사당으로 사용하고 있다고 한다.

이곳에서 나는 한 나라 지도자의 생각이 얼마나 중요한지 새삼 느꼈다. 또 캄보디아 집짓기 봉사를 통해 인간의 존엄한 가치와 기본권은 누구에게나 보장되어야 한다는 것을 깨달았다.

캄보디아와 루마니아의 사례를 보며 일제강점기를 지나 동족 간 전쟁을 겪은 우리 민족 또한 동병상련의 가슴 아픈 역사를 품고 있음을 떠올렸다. 역사를 바꿀 수는 없지만 잊지 말아야 할 소중한 교훈이 있다. 이방인인 내 눈에도 차우체스쿠 궁전과 광장의 웅장함보다 강제 이주된 국민들의 원성의 목소리가 메아리쳐 들려오는 것만 같았다.

무박 3일 금강산 관광

1989년 현대그룹 창업자 정주영 회장의 북한 방문으로 물꼬를 튼 금강산 관광은 여객선 관광으로 시작하여 2003년 DMZ를 통과한 육로관광으로 이어지며 관광객이 삽시간에 폭발적으로 늘어났다. 2005년 100만 명 돌파, 2008년은 약 200만 명의 관광객이 다녀오며 남북 간 왕래와 금강산 개발로 확대하는 듯했다. 아쉽게도 2008년 7월 금지된 구역에서 새벽 산책을 하던 한국 관광객에게 북한 군인이 총격을 가해 사망한 사건으로 이튿날 잠정 중단됐던 것이 오늘에까지 재개되지 못하고 있다.

2003년 가을 우리 가족을 비롯한 세 가족이 영천에서 야간열차로 무박 3일간의 금강산 관광길에 올랐다. 동해안 최북단 종점에서 다시 버스로 갈아타고 휴전선 앞에서 새벽이 오길 기다렸다. 여러 번의 해외여행의 느낌과는 사뭇 다른 분위기에 마음이 설렜다.

어린 군인은 아이의 티를 아직 못 벗은 것 같았지만 눈은 매서웠다. 말을 걸거나 눈길도 맞추지 말고 어떠한 행동도 하지 말라는 당부가 여러 번 있었기에 우리 일행은 당부사항을 따를 수밖에 없었다.

입국절차를 마치고 동이 트자 순서에 따라 꼬리를 물고 이어지는 관광버스와 식량을 실은 빨간색 대한통운 화물차량의 행렬이 끝없이 길게 이어졌다. 사진 촬영이 엄격하게 제한되었으므로 그 모습들은 기억으로만 남아 있다.

남한의 고성 땅을 지나 휴전선을 넘어 북한 땅을 밟는 순간, 차이가 확연하게 느껴졌다. 고성지역의 논에는 충실하게 여문 벼 이삭이 고개 숙이고 있는 반면 이곳의 벼 이삭은 몇 개의 낟알만 맺히고 나머지는 아직 하늘을 쳐다보고 있었다. 창밖에 비치는 눈대중으로도 수확량이 10배 차이는 있어 보였다. 소달구지, 두 사람이 어깨에 물통을 함께 메고 이동하는 모습, 자전거를 타고 다니는 사람들의 모습 등 내가 자라던 어린 시절 우리 마을의 모습과 흡사했다. 전선 역시 고압선 전주나 콘크리트 전주가 아닌 목제 전주에 연결된 가느다란 전선으로 공급량이 어떨지 짐작이 갔다.

금강산 만물상 관람 정상

민둥산이 이어지다가 금강산 가까이부터는 숲이 울창했다. 계획적인 관리인지 자연적인지는 몰라도 금강산은 복 받은 땅이었다. 또 금강산의 만물상과 주요계곡을 오르는 곳마다 인형 같은 안내원 아가씨가 상냥하게 인사하며 웃는 모습도 특이했다.

만물상을 오르는 계단은 가팔랐고 계단 아래는 낭떠러지로 어지러웠다. 50도가 넘는 경사도의 아슬아슬한 계단을 오르다가 포기하는 관광객들도 더러 있었다. 관람이 허용된 정상에서 바라본 갖가지 형상의 산꼭대기 바위들이 참 아름다웠다. 흐리던 날씨가 때마침 쾌청해져 햇살에 비친 화강암의 만물상은 예술가의 조각품을 능가한 한 폭의 그림이었다.

하산 길에 먹은 금강산 옥류관 냉면은 기대만큼 맛있었다.

금강산 옥류관의 맛있는 냉면

북한의 38부녀절

북한을 이탈하여 한국에 정착한 국민이 3만5천명에 달하고 있다. 혹자는 3만5천명이 한국에 정착했다면 이미 통일된 것이나 마찬가지이며 나머지 북한 백성을 통일시키면 된다는 낙관론을 펴기도 한다. 그러나 이탈주민의 생활 현실은 제각각 다르다.

복지관의 북한 이탈주민 지원 사업은 평화통일정책자문회의 지역협의회 및 경찰서와 함께 특별사업으로 추진하고 있다. 어렵게 북한을 이탈하여 같은 영천 땅에 살면서도 서로 교류가 없었는데 분기별로 식사를 겸한 간담회를 개최하여 만남의 장을 마련하고 여름철 가족 캠프, 추석 망향제 개최, 김장 지원을 매년 이어가고 있다.

일년에 몇 번씩 만나다 보니 자주 참석하는 주민들과는 공감의 시간이 많다. 어느 날 남한에서도 부녀절이 있었으면 좋겠다고 하는 말을 듣고 북한의 '38부녀절'에 대하여 알게 되었다.

UN은 1975년 3월 8일을 여성의 날로 제정하였다. 1917년 러시아 공산혁명의 시발점인 여성 노동자 시위의 날을 기념하여 만든 것으로 이 날 공산권 및 동남아 대부분의 나라에서는 공휴일로 보낸다. 북한은 국제 부녀절로 축하 공연 기념행사를 갖고 가정에서는 이날 남성들이 가사 전반을 맡는다고 한다. 또 세수와 발 씻기를 비롯해 여성에게 서비스를 하는 날로 북한의 38부녀절은 11대 명절로 꼽히며 공휴일로 지정되어 있다. 중국에서는 여성에게 휴가나 단축 근무를 하도록 한다.

  우리나라는 1985년 여성의 날 행사가 처음 개최되었고 2018년부터 법정 기념일로 지정되어 여성단체 주관의 행사가 열리고 있다. 좋은 제도는 도입하는 것이 어떨까 생각해본다. 38부녀절 정도까지는 아니더라도 행사성 중심의 기념일보다 더 의미 있는 가정회복의 날로 발전되었으면 좋겠다.

어머니의 과분한 칭찬

"셋째는 한 번도 속 썩인 적이 없다."
 어머님께서 과분한 칭찬을 하셨다. 자식이 일곱이고 모두 아들이니 누구에게 털어놓기도 어려운 일들이 오죽 많으셨을까. 그런 와중에 아마도 하소연으로 하신 말씀이실 것이다. 중년이 되어서 나에게 하신 말씀인데 과연 어머니의 말씀이 맞을까? 학교 다닐 때 학교 마치면 소에게 먹일 풀을 베고 방학이면 소를 몰고 나가 먹이는 일은 그때는 누구나 다 하는 일이었다. 아들밖에 없으니 부엌일을 거드는 것도 예외가 없었다.
 첫 시험에 공무원으로 합격 될 것이라고 기대하셨는지는 몰라도 공무원이 되어 잘 다니고 있으니 칭찬의 말로 들렸다. 내가 정말 잘하고 있구나 하는 착각도 했다. 긴 시간이 지난 지금 지난날을 돌아보면 상처투성이 아닌 곳이 없을 만큼 엉망진창이 아니었던가?
 가당치도 않은 칭찬을 받고도 정작 나는 남을 칭찬하지 못한다. 자식을 칭찬하지도 않았다. 내로남불의 과분한 욕심 탓이다. 얼마나 더 철이 들어야 마음을 내려놓을 수 있을까?

60 중반, 살아왔던 시간들을 되돌아보면 어려운 일이 있을 때마다 순적(順適)하게 해결되었다. 통행이 잦지 않은 야간의 산길 자전거 사고로 얼굴이 엉망이 되었을 때도 뜻밖의 구원자가 있었고 빗길 오토바이 사고에서도 원심력의 반대 방향으로 넘겨졌다. 무모한 고속도로 오토바이운행이라는 어처구니없었던 일, 공무원 구조조정에 저항하여 흉기를 품고 찾아온 사건에서도 피할 길이 열렸다. 돌아보면 굽이굽이에 내가 잘해서 이루어진 것은 하나도 없었다.

잘못 살아온 것 후회되는 일을 어디까지 다 말할 수 있을까? 그럼에도 불구하고 오늘까지 살아온 날들이 오직 감사요 드라마의 연속이다. 부모님의 넓은 마음의 은덕이고 나를 향한 하나님의 놀라운 은총이다.

행복은 셀프(self)란 말이 있다. 행복은 원하는 것을 얻는 것이 아니라 이미 가진 것을 깨닫는 것이다. 가진 것을 알면 스스로 행복하고 주변에 행복 바이러스를 퍼뜨린다. 가진 것을 깨달아 나누어야 행복하다는 말이다. 행복하지 못하는 가장 큰 이유는 가진 것에 감사하지 못하기 때문이 아닐까? 더 가지지 못한 탐욕이 원인이 아닐까?

행복은 눈높이이다. 나와 주변의 눈높이를 맞추어야 한다. 눈높이는 높이 있는 사람이 낮추어야 한다. 낮은 곳에서 위를 쳐다보려면 발꿈치를 치켜세워야 하니 힘이 든다.

다시 태어난들 내 삶이 얼마나 달라질까? 100세를 넘어 왕성한 강의 활동을 하시는 김형석 명예교수님은 지금 생각해도 60세가 되기 전에는 정말 철이 없었다고 회고했다. 다시 돌아봐도 65세 이후 10여년이 가장 보람된 삶이었다는 그분의 경험에 비추면 나는 가장 보람된 삶의 시작을 맞이할 때다.

　이만한 건강과 시간이 주어질 때 숨 가빴던 39년의 공직생활, 7년 YMCA 이사장과 5년 복지관장에 바빴다는 핑계로 못다 한 일이 많다. 남은 삶을 후회하지 않으려면 더 내려놓기에 지체 말자.

　어머님의 과분한 칭찬에 반성하며 살아가는 것을 잊지 말아야겠다.

제7부

소소한 생각

한 사람이 주변을 변화시킨다

복지관 운영프로그램에서 만난 두 분 이장을 소개한다. 직장생활을 은퇴하고 고향으로 돌아와 이장으로 마을을 위해 봉사하는 분들이시다. 복지관의 프로그램 중 문해 어르신을 위한 한글 교육은 오래된 프로그램이다. 수년 전부터 지리적 여건으로 교통편이 되지 않는 자원봉사자를 마을로 파견하여 한글을 가르치는 글지기 교육프로그램을 진행하고 있다. 과정을 마치면 수료식도 있다.

대창면 병암 김판술 이장의 수료식 인사말에 우리면 한 개뿐인 초등학교 올해 졸업생은 세 명인데 우리 마을 평생교육 글지기 수료생은 5명입니다. 그래서 관내 기관장님을 초대했다는 인사말에 폭소가 터졌다. 졸업식에는 관내 시의원, 면장, 파출소장과 사업 주관 복지 관장을 초청하고 LED 전광판에 애국가로 시작하는 의식을 갖췄다. 여기에 부녀회원들이 떡과 과일을 정성껏 준비하여 마을잔치가 되었다. 수료생에게 전달하는 꽃다발을 포함해도 20여만 원으로 충분했다고 이장은 자랑했다.

부부가 같이 사는 세대보다 할머니 혼자 거주하는 세대가 더 많다. 이장은 출향 자녀들을 마을밴드에 모두 초대하여 마을의 행사나 동향을 자녀들에게 알려준다. 마을의 총회나 행사, 경조사 특히 마을 경로잔치에는 종전보다 더 많은 출향 자녀들이 관심을 가지고 참여한다고 전했다. 고령화된 농촌 마을에 자녀들이 고향 어르신의 동향을 알 수 있는 마을밴드 활용은 스마트폰 시대에 지방자치단체가 비용들이지 않고 지역홍보로 활용할 수 있는 좋은 시책이라 생각된다.

또 한 분은 화북 하송리 권순기 이장이시다. 하송리는 K-Water 영천권지사(보현산댐)의 상류 지역으로 일부 지역이 수몰되고 남은 사과 농사 중심의 마을이다. 이장님은 중견기업의 간부로 정년퇴직하고 귀향하여 사과 농사를 짓는다. 10여 년 전부터 인근 군위 댐 주민지원사업을 위탁받아 운영하고 있을 때라 보현댐에서도 위탁 협의가 왔다.

벽화사업을 위한 마을 의견수렴과정에서 다수 이장들은 부정적이었으나 하송리 이장은 적극적이었다. 벽화사업과 병행한 마을 만들기로 환경정비, 쉼터 조성, 도랑 살리기로 마을환경이 크게 변화되었다. 깨진 유리창 하나를 방치하면 건물관리가 소홀한 것으로 인식되고 주변까지 확산되는 즉, 사소한 무질서가 더 큰 문제로 이어질 가능성이 높다는 '깨진 유리창 법칙'이 그대로 적용되고 있었다. 마을회관 앞에 쓰레기를 투척하고 비닐을 태워 메케한 냄새가 진동했는데 한번 정비한 후로는 누구도 쓰레기를 투척하지 않았다. 이장이 가장 좋아했다. 이제는 정례적인 마을 환경정비의 날을 정하여 마을공동 청소도 하고 있다.

재외동포 2세의 모국연수사업 중 어르신 봉사활동으로 네일아트와 안마를 해드렸는데 마을이 생기고 이처럼 많은 손님이 방문한 적이 없었다며 새벽에 안동까지 가서 수박을 사 오셨다. 귀향에 가족이 동의하지 않아 처음에는 혼자 귀향했는데 이제는 부인이 같이 와서 너무 좋다고 전했다. 마을을 선도하는 이장 한 사람의 생각이 마을 분위기를 확 바꿔 놓았다. 귀농이나 귀촌 문화가 이렇게 바꾸어 졌으면 좋겠다.

하송마을의 벽화

국장님 애인 만나러 가세요?

오후 5시쯤 되었을까? 화장실에서 양치를 하고 나오는데 기간제로 근무하는 새내기 여직원이 뜬금없이 '국장님! 애인 만나러 가세요?' 하는 엉뚱한 말을 건네자 순간 당황했다.

국민의 가장 많은 질병은 치주염이다. 경중의 차이이지 대다수 사람이 치주염을 앓고 있다 해도 과언이 아니다. 당장 급하지 않으니 차일피일 병을 키워서 치과를 찾기 일쑤다. 나 역시 예외가 아니다.

장시간 보고가 필요한 일이나 인사문제 등 주요사항 토의가 예정되어 있을 때는 어김없이 양치하고 보고에 임하는 것이 일상이다. 자연스러운 일상인데 갑자기 국장님! 애인 만나러 가세요? 라니…….. "같은 상황을 이렇게 달리 볼 수도 있구나? 우리는 서로 다른 환경에서 살고 있고 다른 생각과 판단으로 살고 있구나?" 하는 생각이 들었다.

사람들은 내 주장에 맞춰주길 기대하고 내가 옳다는 생각에서 벗어나려고 하지 않는다. 때로는 다름이 틀림이 되어 오해와 분쟁이 되기도 한다. 다름을 이해하는 폭넓은 생각과 시야의 전환이 필요하다.

그 일도 벌써 10년이 훌쩍 지났다. 초롱초롱한 눈빛의 새내기의 눈길이 떠오른다. 쫓기며 사는 일상에서 벗어나 양치하고 설레는 마음으로 퇴근 시간을 기다릴 수 있는 애인이라도 한 사람 있었으면 좋겠다.

만족하는 사람 없다

30대 중반쯤이었을까? 동년배들과 함께 "경제적 형편이 어느 정도이면 우리가 만족할 수 있을까?"라는 대화를 나눈 적이 있다. 맞벌이하는 친구나 부업을 하거나 부모의 유산으로 약간의 여유가 있는 친구들에 비해서 맞벌이가 아닌 나는 유산도 없으니 더 적극적인 물음이었을 것이다. 그때의 결론은 무엇이었을까? 나는 30평형 정도의 내 집, 2000cc급의 승용차와 위급한 일이나 가족 중 어려울 때 쓸 수 있는 1~2천만 원의 비상금이 있으면 만족하겠다는 결론을 내렸다. 당시로는 가당치 않은 욕심이었고 어쩌면 꿈일지도 모른다는 생각을 했다.

당시는 대출금이 절반인 15평 내외의 아파트를 소유하거나 주택이 있어도 절반은 10%가 넘는 대출이자를 은행에 갚아야 했다. 아니면 500만 원 내외의 전세를 살던 시절인데, 중형이상의 내 집에 고급승용차, 아파트 한 채 이상의 현금을 보유한다는 것은 상상으로만 가능할 때였다. 물론 세월이 많이 흘러 그때와 사회 환경은 많이 바뀌었지만, 이 세 가지를 모두 갖추고 있는, 그 자리에 있었던 가장들은 지금 자신들의 삶에 얼마나 만족하고 있을까? 진정한 자족은 없는 것일까? 사람의 욕심은 어디까지가 적당할까?

수컷의 본능

즐겨보는 TV프로가 있다. 여행 프로그램과 밀림 야생동물의 대이동 등의 다큐프로그램이다. 여행으로는 도저히 볼 수 없는 풍경이 많기 때문이다. 여행은 다른 환경 속에서 살아가는 사람들의 생활과 그들의 생각, 행복을 공유하고 때로는 대리만족을 하게 한다.

먹이와 물을 얻기 위해 위험을 무릅쓴 대이동, 생존을 위해 수 천 마리가 떼를 지어 이동하는 것은 볼 때마다 장관이다. 생존을 위해 먹고 먹히는 잔인한 동물의 세계를 본다고 아내가 가끔 핀잔하며 채널 쟁탈전으로 TV 리모콘을 빼앗기기도 하지만 연출된 프로그램보다 꾸밈없는 생존경쟁을 생생히 느낄 수 있어 즐겨 보는 프로그램이다.

먹고 먹히는 것, 약육강식은 자연의 조화이자 우주의 섭리이기에 지구가 지금껏 균형을 유지해 오고 있다. 초식동물은 초목과 물을 얻기 위해 위험이 도사리는 먼 거리를 떼를 지어 이동한다. 먹이가 있는 곳에는 반드시 위험이 숨어있다. 사자와 호랑이는 숲속에서 다가올 소떼를 기다리고, 위험을 감내하고 강을 건널 때는 어김없이 악어 떼가 강기슭에 잠복하고 있다.

개미와 작은 동물들이 일을 나누고 공동목표에 협력하며 살아가는 모습 또한 경이롭다. 인간의 삶 또한 그렇지 않은가? 결과를 얻기 위해서는 땀을 흘려야 하고 영광이 있는 곳에는 반드시 상처가 있기 마련이다. 늑대나 하이에나, 들개는 무리가 협력하면 사자나 표범이 잡은 먹이를 뺏고 물리친다. 협동작전의 지혜가 있는 것이다. 10배나 덩치가 큰 동물을 상대로 공격과 수비를 반복하면서 힘을 뺀다. 낄 때는 끼고 빠질 때는 어김없이 빠진다.

만약 큰 무리이자 뿔을 가진 버펄로가 이러한 협력의 지혜가 있다면 사자 호랑이는 멸종하고 말았을 것이다. 버펄로 한 마리가 고립되어 사자나 호랑이의 집단공격을 받아 넘어져도 버펄로 무리는 멍하니 그냥 바라볼 뿐이다. 이것이 자연의 섭리요 이치이다. 무리가 많은 초식동물이 육식동물의 먹이가 되어 주기 때문에 생존의 균형을 유지하고 있다.

동물들마다 주어진 환경에 적응하며 살아가는 방법이 제각각 다르다. 사막에서 꼬리를 쳐들고 기어 다니는 전갈은 상대방을 쏘고는 재빨리 모래 속으로 숨는다. 몸에서 독이 빠져나가면 한동안은 기다려야 새로운 독이 생기고 다시 공격할 수 있는 준비가 되기 때문이다. 그래서 준비가 다 된 후에 슬그머니 모래 밖으로 나온다.

우리는 빨리 빨리에 너무 익숙해져 있다. 기다리고 참아주고 물러날 때가 있음을 알면서도 행동으로 옮기지 못한다. 열악한 사막에서 살아가는 작은 동물들도 자신을 보호할 준비시간을 갖는다. 모래 속에서 인내하며 기다릴 줄 아는 전갈에게 배우는 바가 크다.

종족 번식을 위한 경쟁은 곤충이나 맹수나 다를 바 없다. 마찬가지다.

수컷끼리 싸우다 목숨을 잃기도 하고 그 싸움을 지켜보기만 하다가 어부지리로 온 가족이 즐길 만찬 메뉴를 얻는 맹수도 있다. 동족이지만 경쟁 수컷의 새끼를 잔혹하게 죽이기도 한다.

승자의 최대 전리품은 암컷을 차지할 권리를 얻는 종족 번식이다. 이것을 위해 목숨을 건다. 유대교의 율법이라 일컫는 탈무드는 '어떤 남자이든 여자의 요염함과 아름다움에는 저항하지 못한다.'라고 전한다. 최근 충남도지사와 부산광역시장의 사건이 그러했고 지난 7월 서울특별시장의 갑작스러운 죽음에 공소권은 없어졌으나 그 연장선 위에 있다.

김제시의회에서 동료 의원 간 불륜으로 두 의원이 제명되었다는 인터넷 기사가 컴퓨터 화면을 도배하고 있다. 정도의 차이이지 동서고금을 불문하고 수컷의 본성을 참지 못해 낭패를 보는 일은 지금도 나날이 일어나고 있다. 남성들이여! 우리는 모두 생물학적 수컷 중 하나임을 잊지 말자! 여자의 요염함과 아름다움에 당당히 저항하자!

윗사람 대신 밥 먹을 자리를 포기하지 말라

　누구나 하루 세끼를 먹는다. 중요한 것은 무엇을 먹느냐보다 누구와 먹느냐이다. 직장에서는 조직 구조상 상사와 함께 먹어야 할 때가 많다. 본인의 의사와 관계없이 일방적 통보로 인한 소집형 점심약속이다. 그런 자리는 종종 불가피한 경우가 생긴다. 예를 들어 같은 국 과장들의 모임인데 과장이 출장 중이므로 주무 계장이 참석해야하는 경우다.
　정해진 사람이 모두 오면 좋겠지만, 부득이 대리 참석이 필요할 때 참석에 부담을 느끼는 사람들이 많다. 대다수는 없는 핑계를 만들어서라도 그 자리를 회피하려고 한다. 그러나 소집자 입장에서는 자리가 채워져야 체면이 서고 대리 참석자도 상급자의 자리에 대리 참석하므로 자신을 나타낼 소중한 기회가 된다. 비단 식사 자리뿐만이 아니다.
　회의나 소모임에도 대리 참석이라는 것이 다소 불편할 수는 있으나 무엇이라도 들을 게 있다. 더 중요한 것은 나를 알릴 기회가 되어준다는 것이다. 주어진 기회에 억지로 팽개치지 말자. 한 번의 기회가 새로운 전환점이 되는 때가 있다.

자존감

고향에는 초등학교를 졸업하고 한 번도 외지에 나가 살지 않고 고향을 지키며 부모님의 농사를 이어받아 농부로 사는 동기생이 10여 명 있다. 새마을지도자, 이장뿐만 아니라 의용소방대장, 체육회장, 발전협의회장 등 면 지역을 대표하는 유지이면서도 연세 드신 마을 어르신을 부모처럼 돌봐 드리는 든든한 친구들이다.

그중 한 친구가 어르신들이 나무 밑에 쪼그리고 앉아 버스를 기다리시는데 승강장과 팔각정이 하나 있으면 좋겠다는 말을 했다. 소재지 볼일이 있을 때나 경로당을 이용할 때마다 길목이 되는 곳이라 이용하시는 어른들이 꽤 많을 것 같았다. 꼭 필요한 지역이라 판단했고 또 당시 예산담당 부서장인 터라 다음연도 예산을 편성해 해결해 주었다.

그 이후 분기별 동기회 모임이나 개인적인 만남이 있을 때마다 고맙다는 인사를 잊지 않았다. 그 친구가 그만큼 고마워할 일은 아니었는데, 알고 보니 버스를 기다리는 어른들 사이에 의용소방대장이 힘을 써서 만들어주었다는 입소문이 난 모양이었다. 집 앞이 버스정류장이니 기다리시는 어르신들을 자주 뵙는데 그때마다 고맙다는 인사를 받는다는 것이다. 20년 세월이 흘러도 만나면 그 이야기를 빼먹지 않는다. 이런 것이 자존감인가 보다.

봉사는 시멘트다

 사람은 혼자 살 수 없다. 그래서 조직이 있고 기댈 어깨가 되기도, 비빌 언덕이 되어 주기도 한다. 봉사는 어쩌다 여유가 있을 때 하는 자선이 아니다. 자선은 여유가 있으면 누구나 할 수 있으나 봉사는 마음이 먼저이고 시간적 희생이 있어야 한다. 비누가 닳아 때를 씻어주듯 자신을 잘 녹여주는 헌신의 참 봉사자들이 많다.

 영천에 등록된 자원봉사자는 2020년 기준 2만3천명이 넘는다. 10만 남짓한 영천 인구 중 어린아이와 노약자를 제외하면 셋 중 한 명은 자원봉사자로 자원봉사 활동 참여비율이 그 어느 지역보다 높다.

 복지관에서 자원봉사를 하시는 분은 400명 내외이다. 자원봉사자를 볼 때마다 이분들의 역할이 시멘트와 같다는 생각을 한다. 손길이 필요한 곳을 찾아 손발로 뛰고 때로는 현물로 지원하는 자원봉사자야말로 강을 잇는 다리 같은 존재인 것이다.

 건축공사나 구조물공사를 할 때면 시멘트를 자갈, 모래, 물과 잘 배합하여야 기초가 튼튼한 골조를 만들 수 있다. 큰 돌, 작은 자갈, 모래, 물이 있어도 시멘트가 없으면 굳힐 수 없다. 시멘트만 있어도 힘 있는 골조를 형성할 수 없다. 적절한 비율로 배합이 되어야 튼튼한 콘크리트 구조물이 된다.

봉사단체마다 각자의 재능을 잘 배합하여 시멘트 역할을 하는 단체가 있다. 봉사는 활동가의 자기희생을 기반으로 한다. 자신에게 주어진 많은 것들을 포기하면서 나눔을 실천한다. 그 희생의 결과가 시멘트로 굳어진 튼튼한 구조물이다. 헌신적인 봉사활동가에게 감사의 마음을 전할 수밖에 없는 이유다. 잘 배합된 콘크리트는 시간이라는 양생 기간을 거치면서 더욱 단단하게 굳는다.

봉사단체 활동의 면면을 자세히 살펴보면 감동적일 때가 많다. 비가 왔던 지난 휴일에는 10평 남짓 아파트에 발 디딜 틈 없이 가득 찬 집안 쓰레기를 10명 남짓한 봉사자들이 치웠다. 치운 쓰레기가 차 세 대 분량이었다. 수십 차례 오르내리며 흘린 땀이 젖은 비와 구분이 안 될 정도였다. 그래도 표정은 밝았다.

복지관에서 무료급식 봉사를 10년 동안 이어오는 어떤 봉사자는 직장에서 휴가를 내고 봉사를 오신다고 한다. 복지관의 모든 사업이 자원봉사자를 필수로 한다. 단체와 개인의 능력에 따라 재능기부를 하기도 하고 회비를 모아 난방, 연탄, 집수리 등 현물지원도 한다. 봉사에 대한 감사의 마음은 연말 단 한 차례 자원봉사자·후원자 감사의 밤 행사를 통해 한 끼 식사를 대접해 드리는 것이 전부다.

성경에 이런 구절이 있다. 성(城)이나 마을의 집에 들어가면 먼저 평안을 기도하라. 성이나 그 집이 기도에 합당하면 평안이 그곳에 임하겠지만 만일 합당하지 않으면 평안이 방문한 너희에게 돌아올 것이다. 선의를 받아들일 준비가 되어있지 않으면 평안을 바라는 자에게 돌아온다니 선한 마음으로 방문할 때 어찌 그 집을 위해 평안을 위해 기도하지 않겠는가?

　자원봉사봉사자야말로 곳곳마다 평안을 바라는 마음으로 봉사한다는 것을 새삼 느낀다. 자원봉사의 손길이 지역사회에 더 깊이 파고들어 튼튼한 구조물의 원동력인 시멘트 역할이 잘되어지길 바라며 모든 봉사자들의 활동에 찬사를 보낸다.

독거어르신 연탄지원(좌상) · 세대청소 봉사(누울 자리 없는 쓰레기더미 집)(우)
자원봉사자 · 후원자 감사의 밤 행사(좌하)

물처럼

전직 대통령 중 한 사람을 물에 비유하며 비하하던 때가 있었다. 우유부단하거나 카리스마가 없다는 의미였는데, 물의 위대함을 생각하면 당치않은 비유라는 생각이 든다.

물은 인간에게 그 무엇보다 우선될 뿐만 아니라 부족하면 생명이 위협받는다. 밥을 며칠 먹지 않아도 생명에는 지장 없지만 물을 먹지 않고 살 수 있는 날은 길지 않다. 아침, 잠에서 깬 후 마시는 물 한잔은 인체 내부기관을 활성화시킨다. 식사 30분 전후 물 한 잔은 소화를 돕고, 목욕 전후 물 한잔은 혈압을 낮추고, 잠자기 전 물 한잔은 뇌졸중이나 심장마비를 예방한다. 건강프로그램에서 보도되는 이 내용을 보고 그때부터 물마시기에 익숙한 습관이 되었다. 자야겠다는 순간 물 한잔을 먼저 마시고 물 한 컵을 침대 머리맡에 두고 잔다. 눈을 뜨면 미지근한 물 한잔을 마시는 것이 꽤 오래된 습관이 되었다.

인체는 3분의2가 물로 구성되어 있다. 수분이 부족하면 혈액을 인체에 고루 전달하지 못한다. 체내수분이 10%만 부족해도 생명에 위협이 된다. 체중의 3%에 달하는 수분이 사라졌을 때 갈증을 느끼고 1.5%의

수분만 부족해도 두통, 피로 등으로 인지능력이 떨어진다. 면역력은 체내의 수분 상태와 밀접하게 연관된다고 한다. 그러므로 음식을 통해 섭취하는 수분을 포함해서 하루 2리터 내외의 물을 마셔야 한다.

그 물의 특성은 어떠한가? 물은 스스로 나서지 않는다. 장애물을 피하여 낮은 곳으로 흐르는 규칙에 반하여 결코 역주행하지 않는다. 흐르다 막히면 그곳을 가득 채워진 후에야 넘는다. 큰 비용을 요구하지도 않는다. 담기는 그릇의 모양을 탓하지도 않는다. 지치면 땅속으로 스며들어 쉬어 간다. 노자는 물이 갖는 일곱 가지 덕을 이렇게 말했다.

첫째, 낮은 곳으로 흐르는 '겸손'

둘째, 막히면 돌아가는 '지혜'

셋째, 구정물까지 받아주는 '포용력'

넷째, 어떤 그릇에도 담기는 '융통성'

다섯째, 바위도 뚫는 '인내와 끈기'

여섯째, 장엄한 폭포처럼 투신하는 '용기'

일곱째, 유유히 흘러 바다를 이루는 '대의'

사막의 오아시스는 동식물과 나그네의 생명줄이다. 세계적으로 끓이지 않고 생수를 마실 수 있는 나라도 많지 않다. 물 부족 국가라지만 수돗물을 생수로 마실 수 있고 전국 주요 강은 유지수로 넘치고 있어 물의 소중함을 잊고 살 때가 많다.

흐르는 물처럼 상선약수(上善若水)의 초연한 질서를 유지하는 세상으로 회복되었으면 좋겠다.

지난 과거는 잊어도 괜찮은가

　과거, 현재, 미래는 시간적 배치다. 시간 순으로 배치하여 생각하는 것은 지극히 일반적이고 상식적이다. 말할 것도 없이 현재가 가장 중요하다. 황금보다, 소금보다 지금이 더 소중하다는 말도 있지 않은가. 우리는 현재를 우선하여 살지만, 대부분의 삶의 목표는 미래를 향한다. 당연히 과거에는 소홀해질 수밖에 없다. 그러나 미래를 예측하거나 진단할 때 가장 중요한 판단기준이 되는 것은 과거다.
　과거의 일이 반복하여 일어나는 일은 거의 없다. 하지만 미래로 나아가기 위해서는 반드시 과거에 일어났던 일을 고려해야 한다. 과거를 돌아볼 수 있는 것은 역사다. 역사는 이념적 관점이 아니라 사실에 근거한 기록이기 때문이다.
　우리나라의 과거는 대부분 침략에 의한 수난의 역사였다. 최근세 100년간의 역사만 보더라도 그렇다. 1894년 청일전쟁, 1899년 러일전쟁, 모두 이웃 강대국의 전쟁에 내 집 앞마당을 내어준 경우다. 우리 민족은 먹고 살 것이 없어 넓은 땅 만주로 이주하여 정착 터를 개척했지만 결국 이리저리 내몰리는 이민족의 신세가 되었다. 일본인과 닮아 일본인 첩

자를 색출하기 어렵다는 이유만으로 중앙아시아에 강제 이주된 17만 동포의 아픈 과거를 어떻게 설명해야 할까. 약자의 설움 치고도 너무 가혹한 처사였다.

일본에게 국권을 강탈당한 날은 1910년 8월 29일이지만 일본은 이보다 앞서 우리를 치밀하게 수탈하며 주변 국가들과의 동맹을 통해 압박을 가해왔다. 1904년 7월 미·일간의 가츠라테프 밀약에 의하면 미국은 필리핀, 일본은 조선을 지배하는데 상호 간섭하지 않기로 밀약을 체결하였고, 1904년 9월 5일 러·일 전쟁 후 맺은 포츠머 조약으로 일본은 한국침략 선점권을 확보했다. 영일동맹 또한 영국은 인도를 일본은 한국 침략의 정당성을 인정하는 공수동맹이었다.

제주로 떠났던 YMCA 청소년문화탐방 때 문화해설사가 했던 말이 생각난다. "제주도는 자연동굴보다 인공동굴이 더 많다. 우리 조상들이 일제의 강제노역에 끌려 나가 만든 동굴이다." 일제강점기 36년간 수많은 국민들이 강제노역에 시달리다 생을 마감했다. 광복의 기쁨도 잠깐 동족상잔으로 1천만의 이산가족을 남기는 수난의 역사를 가슴에 묻고 살아온 지도 어언 70년이다.

1950년 9월 15일 감행된 인천상륙작전을 성공시키기 위해 9월 14일부터 19일까지 엿새간 펼쳐진 장사상륙작전은 북한군에게 작전장소를 동해로 오판하도록 하는 기만전술 작전으로 대구와 밀양에서 모집한 학도병 772명이 펼친 상륙작전이다. 꽃다운 나이에 잠든 139명의 학도병을 위로하는 장사상륙작전 기념관(문산호)이 지난 6월 개관되었다.

6.25전쟁의 역사는 근현대 우리나라의 역사이다. 용서는 할 수 있어도

잊지는 말아야 한다. 개인 간 묵은 감정은 때로 자식 대까지 대물림하며 잊지 못하는데 반해 역사는 너무나 쉽게 잊혀지고 무감각한 채로 살아 가는것 같다.

오늘의 일에만 매달리고, 앞만 바라보고 뛰지만 아픈 과거이던, 의미 있는 과거이던, 과거를 잊고서는 미래로 나아갈 수 없다. 일상 속에서도 과거를 기억하고 회상하며 살아가야 한다. 우리의 의사도 아닌데 주변 강대국들의 먹잇감이 되고 전장터가 되었던 우리민족의 아픈 역사를 제발 쉽게 잊지 말자.

가고자 하는 곳에 가장 쉽게 가는 방법은 그곳에 먼저 간 사람에게 물어보는 것이다. 책을 통해, 때로는 앞서간 삶을 벤치마킹할 때 더 빠르고 정확한 결과를 얻을 수 있다. 그렇다고 늘 과거에 얽매이자는 것은 아니다. 현안이 있을 때는 한 번쯤 현재와 미래 가운데 '과거'를 넣어 생각해 보자는 것이다. 과거를 바꿀 수는 없지만 역사를 통해 배울 수는 있다. 과거는 어떤 것과 비교할 수 없는 가장 큰 스승이다.

지혜로운 어르신

공직에 첫발을 디딘 담당 마을에서 만나 45년이 지난 오늘까지 함께하는 친구가 있다. 그 친구가 어느 날 깜짝 놀랄만한 이야기를 들려주었다.

90세를 훌쩍 넘기신 그 친구의 장인어른이 평생 처음 병원에 입원하여 보름간의 입원 진료를 받고 다행히 건강이 회복되어 퇴원을 하시게 되었다. 형제간의 형편을 보아 맏사위인 자신이 병원비를 계산해야겠다는 생각에 일찍 병원에 도착하여 계산하려니 어제 벌써 장인어른이 직접 계산을 하셨다는 것이다.

정해진 퇴원시간이 되니 형제들이 모두 모였다. 아버지는 침대 시트를 걷고 아들, 며느리, 딸, 사위가 병문안 온 숫자를 바를 정(正)자로 표기하여 그 숫자만큼 봉투에 미리 넣어 두신 여비를 꺼내셨다. 그리고 '바쁜데 멀리까지 온다고 고생했다' 고 말하며 각각 봉투를 나누어 주셨다는 것이다. 90세를 넘기신 어르신의 지혜이자 자식에게 보여준 산교육이었다. 맑은 정신으로 장수하신 그 어르신의 생애가 부러웠다.

장차 내 노년의 모습도 이랬으면 하는 욕심이 생긴다.

기본에 충실한 나무처럼

철 따라 변하는 자연현상에 맞추어 선조들이 만든 24절기는 농사에 유용하다. 세상을 살아가는 여정에도 기본이 있다. 기본에 충실하면 예의를 갖춘 좋은 사람으로 평가되지만 그렇지 않으면 손가락질을 받는다.

사회생활의 기본은 사람과의 관계에 있다. 사람과의 관계에서 기본에 벗어나면 공동생활에서 눈 밖에 난다. 기본에 충실하기 위해 많은 사람이 공동으로 외치는 정의·도덕·윤리·공평·이성·공감·질서 라는 기준이 있다. 물론 자기 기준에 임의적으로 적용하고 합리화하는 이들도 있다. 공통된 기준이야말로 삶의 기본이다. 나무는 기본을 가장 정직하게 말해준다. 나무는 봄·여름·가을·겨울을 나뭇잎을 통해 말하며 기본에 가장 충실하게 산다.

나뭇잎에게 "당신은 혼자 살 수 있나?"하고 물었다.
"아니요! 내 삶은 오직 가지에 달려 있소!"
가지에게 다시 물었다.
"가지는 내 삶은 뿌리에 달려있을 뿐이오!"
뿌리에게 다시 물으니 내 삶은 잎과 가지와 줄기에 달려있다고 말했다. 나무는 뿌리의 영양분과 잎과 가지 줄기의 탄소 동화 작용을 통해 성장한다.

나무가 살아남기 위해 뿌리를 깊이 내리고 또 다른 나무에 넝쿨을 감는 때는 생존경쟁에서 매우 이기적인 경우로 평가된다. 그러나 자세히 살펴보면 경쟁보다 상생을 위해 협력하고 있음을 발견할 수 있다. 활엽수의 이파리가 겨울을 앞두고 떨어지지 않으면 세찬 겨울바람에 뿌리가 흔들려 이듬해 싹을 틔우기 어려워질 것이다. 떨어진 나뭇잎은 퇴비가 되어 나무는 그 잎의 영양분을 다시 공급받게 된다.

큰 나무, 작은 나무 또 다른 수종들이 빼빽한 숲을 이루지만 나뭇가지와 잎이 일정 영역까지만 뻗는 현상을 수관기피(樹冠忌避)라 한다. 수관은 나무 위쪽의 가지와 잎이 이루는 무더기로 수관기피는 그것이 이웃 나무의 영역을 침해하지 않는다는 의미이다. 수관과 수관 사이에 공간이 생기고, 그 공간을 통해 통풍과 햇빛을 받는다. 숲의 나무들의 수관이 겹치면 겹친 부분은 광합성을 제대로 하지 못해 서로 상처를 입게 된다.

사람은 혼자 살 수 없다. 저마다의 개성을 지니며 서로 어울려 산다. 사람도 외모나 단면으로 판단할 일이 아니다. 살다 보면 예기치 못할 일들이 빈번히 일어난다. 그때마다 부정적인 가정을 할 때가 있다.

"내가 누구와 만나지 않았더라면 이런 일은 없었을 것을……"

잘못 만난 것이 아니라 내가 잘못 산 것이다. 여행은 어디로 가느냐 보다 누구와 함께 가느냐가 중요하듯 내가 있는 자리에서 최선을 다하는 것이 곧 잘사는 지름길이고 기본에 충실한 것이다.

같은 시기에 꽃이 피는 과일나무도 조생종·만생종이 있다. 수확 시기가 두 달 이상 차이가 날 때도 있다. 조생종은 호흡이 빠르고 만생종은 느리기 때문이다.

　유익한 식물이라도 제자리에 있지 않으면 잡초가 된다. 보리밭에 밀이 있으면 잡초이고 밀밭에 보리가 자라도 역시 잡초다. 거울은 앞에 있어야 하고 등받이는 뒤에 있어야 하는 법이다. 제자리를 지키는 것이 기본이고 법이다. 사람과의 관계에서 충실하기 위해서도 잘못은 앞에서 칭찬은 뒤에서 하는 것이 당연한 일이나 쉽지 않다. 빽빽한 숲속에서도 자신의 위치인 수관을 넘지 않는 나무처럼 기본을 중요시하는 것이야말로 삶의 시작이자 전부이다.

　세찬 바람과 가뭄을 이겨야 하는 산 정상 바위틈이 나에게 맡겨진 소임일지라도 기본에 충실한 소나무처럼 살아야 한다.

인체 구조는 사람마다 크게 다르다

한 부서장이 자녀의 경사로 간부들을 저녁 식사 자리에 초대했다. 주재하는 분의 인사말과 건배가 이어졌다. 평소 술을 전혀 못한다는 부서장이 어찌 된 영문인지 그냥 원 샷을 해버렸다. "술 못한다더니 잘하시네. 한잔 더 하지."하며 기관장에게 한잔 더 받는 순간 스르르 벽에 기대며 넘어졌다. "조금 자게 두라. 집에 보내드려라." 의견은 분분했으나 일단 직원에게 연락하여 병원으로 데려갔다.

자리는 조금 더 길어진 다음 해산되었다. 아파트 계단을 오르다가 아차 싶어 되돌아 택시를 타고 병원으로 갔다. 눈앞이 캄캄했다. 먼저 온 직원이 응급실을 지키고 있었는데 심한 한기로 온몸을 떨어 다리를 잡으며 전전긍긍 하고 있었다. 그러나 혈압이 계속 떨어져 응급실이 초비상이었다. 이 일을 어떻게 해야 하나 걱정이 앞섰다. 동료 부서장과 한쪽 무릎을 각각 잡고 있었지만 부들부들 떨리는 무릎은 멈추지 않았고 본인은 창백한 안색에 의식을 차리지 못했다.

시장을 가장 가까이에서 보필한다는 총무과장인 나로서는 변명의 여지가 없었다. 응급조치로 응급실이 아수라장이 된 한 시간쯤 후에야 구토를 하고 혈압이 조금씩 회복되어갔다. 늦은 밤 택시를 타고 단숨에 날아온 부인과 딸이 사람을 어떻게 이 지경으로 만들었냐며 원망의 눈초리를 보냈다. 너무나 당연한 처사였다.

진정된 후 의사의 말을 들으니 술 해독능력이 없는 체질을 가진 사람이 갑자기 알코올을 섭취하게 되면 말벌에 쏘인 것과 같은 쇼크가 일어난다는 것이었다. 만약 병원으로 오지 않았더라면 매우 위험했을 것이라 했다. 한 고비가 이렇게 일단락되었다.

순간의 선택이 평생이 될 뻔한 순간이었다. '사람의 겉모습은 비슷해도 체질은 제각각 다르다.'라는 교훈을 깨닫는 다음날 이른 새벽이었다.

나는 어디에 길들여 지고 있는가

미국 남서부 어느 한 어촌에서 있었던 일이다. 어느 날 갑자기 갈매기가 떼 죽임을 당했다. 이 어촌마을은 물고기를 통조림으로 가공하여 생계를 꾸리는 마을이었다. 마을사람들에게 갈매기의 떼죽음은 충격이었다. 한 학자의 끈질긴 추적으로 밝혀진 원인은 갈매기가 굶어 죽었다는 결론이었다.

그동안 물고기의 몸통은 통조림으로 쓰고 머리와 꼬리 등 부스러기는 바다로 떠내려 보내 갈매기 먹이가 되게 했다. 그런데 언제부터인가 통조림 공장 옆에 가축사료공장이 세워지고 버려지던 물고기 부스러기가 가축용 사료로 가공되었다. 그동안 쉽게 얻을 수 있었던 먹이에 익숙해져 있던 갈매기는 바다에 살아있는 물고기 잡는 법을 잊어버렸다.

쉽게 얻어지는 것은 진짜가 아니다. 대가 없이 얻어지는 것은 다음에 더 큰 비용이 지불되는 법이다. 공짜에 길들여지면 망가지게 되고 한번 망가지면 고치거나 원상회복하기까지 매우 오래 걸린다.

코로나19는 2020년 세계적 재앙으로 혼란의 늪에 빠져 회복의 징조가 보이지 않는다. 한 번도 경험해보지 못한 일이다. 전 국민에게 재난지원금을 지급하고 영세자영업자에게 지원 대책을 강구하고 있으나 근본대책이 되지는 못했다.

신천지로 확산된 코로나는 진정되는 듯 하다가 이태원 발 클럽에서 다시 점화되었고 8.15 광화문 집회와 전광훈 목사가 시무하는 사랑제일교회를 중심으로 집단 확진자가 전국적으로 다시 폭발적으로 번졌다.

긴 시간 지치기도 했다지만 공든 탑이 단숨에 무너진 형국이다. 경기회복을 위해 정부의 여행장려정책과 8월 17일(월) 임시공휴일 지정으로 3일간의 연휴가 주어졌다. 이 틈을 탄 이동의 확대, 사회적 거리 두기를 무시한 집회의 집단행동이 낳은 결과이다. 2차 재난지원금 지원을 운운한다지만 재정 지원으로 이 문제를 다 해결할 수는 없다. 이미 엎질러진 상황인데 남의 탓으로 돌리기에 열을 올리고 있다. 내로남불이다. 우리는 땜질 처방에 너무 익숙해져 있다. 그러다 보니 여론에 부닥치면 금방 다시 처세를 바꾼다.

정책은 미래지향적이며 종합적인 판단에 근거해야 한다. 재원 대책이 수반된 정책은 기본이요 필수요건이다. 손쉬운 방법으로 보편적 복지를 실행하고 그것이 사람들에게 익숙해지지 않았으면 좋겠다.

나는 혹시 익숙함에 길들여져 비용을 치르고도 되돌릴 수 없는 실수를 범하고 있지는 않을까? 개구리가 서서히 달궈지는 냄비의 따뜻함에서 탈출하지 못하는 것처럼…….

계단과 칸막이

계단과 칸막이라니 어떤 건물을 말하는지 궁금할 수 있겠다. 건물이 아니라 사람들이 모인 곳에도 계단과 칸막이가 존재할까. 특정한 목적을 달성하기 위하여 둘 이상이 모인 집단을 조직이라 한다. 조직을 운영하기 위해서는 계층(직위)이 있게 마련이고 업무의 성격이나 역할에 따라 부서로 나뉜 조직 구조를 계단과 칸막이라고 붙여 보았다.

계단과 칸막이를 철거하는 것만이 상책은 아니다. 조직운영을 위해서는 수직적 계급이 있어야 하고 역할 및 전문화와 책임을 위해 세분한 전담부서가 필요하다. 그러나 조직 목표달성에 계단과 칸막이가 있으면 우선 소통에 장애가 될 때가 많다. 소통에 앞서 왜곡될 수도 있다. 우선 윗계단(상급자)의 생각이 어떤지 눈치를 보거나 맞추려는 경향이 있고 칸막이 너머의 일에 개입하면 남의 밥그릇을 간섭하는 것처럼 보일 수 있다.

칸막이는 단절을 의미한다. 계단은 의사결정의 무게중심이다. 업무능력 향상을 위해서 한때는 정부조직의 부서 간 칸막이를 없애고 행정조직을 대과 대국 체재로 개편한 적도 있으나 결과는 실패로 돌아갔다.

계단과 칸막이를 허무는 유일한 방법은 신뢰 있는 대화다. 대화는 일방이 아니라 쌍방이다. 부담 없는 대화를 위한 모임이 간담회(懇談會)다. 정겹게 서로 이야기를 나누는 모임이 간담회라면 이와 비슷한 정담회(鼎談會)도 있다. 세 사람이 솥발에서처럼 둘러 앉아 이야기하는 것으로 서로 격의 없는 소통을 하는 것이다.

부담 없는 쌍방 대화가 중요함에도 대다수의 대화시간은 말하는 사람의 훈시나 홍보성 발언으로 일관된다. 대화여건이 조성되지 않았음에도 명목상 대화의 시간으로 치부되는 경우도 많다. 이러한 대화임에도 경청을 강조하고 그들만의 잔치를 높게 자평하기도 한다.

듣기를 강조하는 것은 말하는 사람이 있다는 것이고 말하는 그 사람의 입지가 강하기 때문이다. 그러므로 경청보다 반드시 먼저 생각해야 할 것은 말하기다. 내가 말하는 사람이라면 나는 과연 상대가 경청할 수 있는 말을 하고 있는가? 말하기에 앞서 먼저 생각해야 한다. 경청할만한 공감되는 말을 해야 한다는 뜻이다. 특히 계단 위에 있는 사람의 말이 경청의 가치를 잃거나 신뢰가 없다면 그 대화는 하지 않는 것만 못하다.

나는 상대가 경청할 수 있는 말을 하고 있는가? 듣는 자의 식상함을 벗어나지 못하고 재론에 익숙해 있는가? 말할 수 있고 들을 수 있고 격의 없게 나눌 수 있는 욕심을 내려놓은 대화가 소통의 진정한 시작이다. 계단과 칸막이는 조직목표 달성을 위한 과유불급(過猶不及)에 지나지 않는다. 칸막이를 허물고 계단을 낮추어야 잘 보이고 멀리 볼 수 있다.

리더는 눈뜬장님이 되기 쉽다

리더는 말을 많이 하는 역할이다. 많은 말에 비해 상대적으로 실천력은 떨어진다. 그러나 약해진 실천력을 아무도 말해주지 않는다. 그러므로 리더가 스스로 한 말을 실천하려면 몇 배의 노력이 필요하다. 리더는 전체를 총괄하고 지휘하여야 하나 한 사람이 전체를 총괄할 수가 없으니 조직이 구성된다. 업무영역에 따라 부서로 나뉘고 조직운영에 따른 계급(직급)이 있기 마련이다.

구성원이 모두 리더와 같은 생각과 판단을 하지는 않는다. 부서는 자기 역할을 넓히려 안간힘을 쓰고 한편은 리더의 입맛을 맞추려고 부단히 노력한다. 리더의 가장 큰 역할이 판단력이다. 필자는 판단력을 분별력과 자제력의 결합체라고 생각한다. 옳고 그름을 분별하고 내 생각과 욕심을 얼마나 자제하느냐가 옳은 판단력의 기준이 된다.

공직자들에게는 재량권이 있는데 법령에 기속되는 기속재량 이외 자유재량이 있다. 공익을 위해 정확한 판단을 하라는 국민적 명령이다. 리더가 되어 갈수록 재량의 폭이 크고 구성원들은 리더의 생각에 맞춤으로 조력한다. 대체로 자수성가한 사람이나 금수저, 선출직에서 이러한 현상이 두드러진다. 맞춰진 입맛에 만족하는 리더는 서서히 미각과 시력이 떨어지고 눈뜬장님이 되어 간다. 남편이 바람난 것이 동네에 소문났어도 부인만 모르는 격이다. 리더가 눈뜬장님임을 구성원들은 다 아는데 리더 자신만 모르고 있다.

상사가 되면 무능해지는 또 다른 이유도 있다. 바른 소리를 듣기 좋아하는 리더를 많이 보지 못했다. 약이 되는 아픈 소리는 듣기 싫어하므로 무사 안일한 생활이 이어진다. 당연히 머리를 쓰지 않고 자기 계발에 나태해진다. 리더를 투명 거울에 가두어두고 사방팔방에서 바라보지만 이러한 일들을 아무도 지적해 주지 않으니 안주하기 마련이다.

지난 10월 타개한 이건희 삼성그룹 회장은 그의 유일한 에세이집 『생각 좀 하며 세상을 보자』(1997)에서 "5%의 사람은 리더의 말만 들어도 믿는다. 그러나 95%는 실제 행동을 보아야 믿는다. 정보는 공유할 때 비로소 가치가 있다."는 말을 남겼다. 소통과 솔선의 리더십을 잘 말해주고 있다.

미국의 34대 대통령 아이젠하워는 뛰어난 통솔력의 인물이자 솔선수범한 지도자였다. 기자들이 통솔력의 비결을 물을 때 책상 위에 50cm 되는 실을 늘어놓고 뒤에서 밀어보라고 했다. 실은 꼬부라지지만 앞으로 나아가지 않았다. 그러자 아이젠하워는 앞에서 실을 끌어당겼고 실은 곧게 끌렸다. "앞에서 솔선수범하는 것이 통솔력의 비결입니다."

짐승은 뒤에서 몰아야 하지만 사람은 앞에서 인도해야 한다. 눈뜬장님이 되어가는 리더의 치유 처방은 스스로 깨달아 솔선수범하는 것이다.

나는 눈뜬장님이 아닌가?

일부로 전체를 판단하지 말자

지역사회는 출생부터 이력을 서로가 잘 아는 경우가 많다. 누구네 밥 숟가락이 몇 개인지 알만큼 성장 과정과 오늘의 사생활이 몽땅 노출되어 있다. 서로가 이해하는 좋은 점이 될 때도 있지만 작은 오점의 꼬리표도 오래 따라다닌다. 남의 과거가 마치 중요한 정보인 것처럼 화제의 중심이자 안줏거리가 되기도 한다.

거센 파도를 보면서 바다 전부를 보는 것으로 착각한다. 그러나 파도는 넓은 바다의 표면이자 일부에 지나지 않는다. 눈앞에 일어나거나 보이는 단면을 보고 그 사람의 전부를 판단할 때가 많다. 남의 이야기이니 쉽게 내로남불로 치부하기도 한다. 일었다 사라지는 파도처럼 표면에 불과한 것보다 크고 깊은 심해의 내면을 볼 줄 아는 것이 중요하다.

처음 만나는 사람을 경력이나 지위 등 겉모습으로 판단할 때가 많다. 사람의 마음을 아는 방법은 오랜 시간 함께하지 않으면 달리 방법이 없다. 만남은 인내를 가지고 공과 시간을 들여야 향기로운 꽃을 피우는 난초와 같아진다. 찰나의 만남이나 순간의 행동을 보고 그 사람을 전부처럼 판단해서는 안 된다는 말이다. 나의 부주의한 한마디가 타인에게는 무심코 던진 돌에 생사가 달린 개구리처럼 큰 상처로 남게 된다.

  난초가 향기를 내기까지 많은 시간 공을 들여야 하듯, 만남도 폭넓은 이해와 전부를 바라보는 인내로 눈높이를 맞추어야 한다. 파도를 보면서 바다 전부를 본 것처럼 단면을 보고 한 사람의 생애를 평가하는 어리석음은 범하지 말아야겠다.

마음이 먼저 통해야지

여성들은 남자들의 군대 이야기와 축구 이야기를 가장 싫어한다. 남자들은 군대 이야기와 축구 이야기로 시작하면 상대에게 말할 기회를 주지 않는다. 그러나 2002년 월드컵은 국민 모두에게 공통적인 화제로 남녀노소를 불문하고 온 국민이 하나 되는 전무후무한 사건이 되었다. 물론 유사 이래 처음 4강 진입의 성적까지 얻었으니 더 말할 것도 없다.

16강, 8강 때도 응원은 자유분방했고 광란적 응원이 무질서한 것처럼 보였으나 경기가 끝나면 쓰레기를 찾아볼 수 없는 성숙한 관중질서를 보여줬다. 2018년 베트남 아세안 게임에서 박항서 감독은 국위 선양에 큰 몫을 했다. 솔선의 리더십과 선수들의 팀워크로 기대 이상의 성적도 거두었다. 경기에 패한 때에도 선수들에게 '고개 숙이지 마라'고 말했다. 대회중 실수나 기회를 살리지 못한 선수는 스스로를 자책하기 마련이다. 질책에 앞서 '고개 숙이지 마라'는 말을 건넨 것은 감독이 선수들에게 보낼 수 있는 최고의 격려이다. 그러면 다음 경기에 다시 한 번 최선을 다하자는 다짐이 따라올 수밖에 없다.

새벽부터 마음을 다지는 박항서 감독의 기도시간은 종교를 초월해서

맑은 정신으로 하루를 준비하는 선수들에게 보내는 따뜻한 마음이자 배려이다. 박항서 감독의 엄격한 자기관리는 자랑스러운 한국인의 멋을 엿볼 수 있는 대목이다.

  박항서 감독의 영향으로 박카스의 매출이 상당히 높아졌다 하나 최선을 다한 후에 따라오는 좋은 평가는 덤이지 내 몫이 아니다. 마음이 먼저 통하면 못 이룰 것이 없고 이루지 못할지라도 자족하기에 충분하다.

집토끼와 산토끼

'잡은 물고기에게는 먹이를 주지 않는다.'는 말은 참 잘못된 말이라 생각한다. 좋아하는 여자 친구가 내 사람이 될 때까지는 정성을 다하나 내 사람이 된 후에는 그 정성의 빈도가 확연히 차이가 나는 것이 흔한 일이긴 하다. 그러나 자원봉사자나 후원자 개발은 그렇지 않다. 한번 끈을 맺은 자원봉사자나 후원자는 VIP 고객으로 모시고 정성을 들여야 한다. 새로운 자원개발이 아니라 이미 맺은 분들을 화초에 물을 주듯 정성을 들이면 더 많은 봉사자가 고구마 넝쿨처럼 뻗어 나오기 때문에 잘 당기기만 하면 된다.

유유상종이다. 자원봉사는 하는 분이 여러 곳에서 봉사하고 그들이 같이 모이는 곳에는 봉사자원이 풍부하다.

시간과 노력, 때로는 금전적 희생을 감내하면서 자원봉사를 한다는 것은 고귀한 마음이다. 이분들에게는 오직 하나 자존감을 높여주는 것만이 유일한 위로이다. 거창한 인사가 아니라 마음에서 우러나는 감사의 눈빛만으로도 충분하다.

집토끼를 잘 먹여야 튼튼하게 자라고 새끼도 많이 낳을 것 아닌가? 산토끼 한 마리 잡는 정성과 노력으로 집토끼에게 정성을 쏟으면 열 마리 스무 마리로 늘어나는 것은 잠깐이다. 벽에 친 공은 던진 힘에 비례하여 반동으로 튀어나온다. 노력한 정비례로 돌아오는 것이 인간관계의 필연적 정석이다. 맺은 자원봉사자와 후원자의 인연의 끈을 튼튼한 세 겹줄로 묶자.

체중

하루에 몇 번씩 아침저녁으로 체중계에 오를 때가 있다. 안방 입구에 있으니 아침밥을 먹고도, 화장실에서 나올 때도 습관적으로 체중계에 몸을 싣는다.

강변 아침 걷기 운동을 한 지가 3년이 훌쩍 지났다. 일주일에 4~5일은 걷는다. 휴대전화가 알려주는 걸음 수를 보면 하루 평균 만 보 가까이 되니 체중계가 알아서 줄여줄 체면이 있을 만도 한데 고집이 세다.

식습관이 나쁜 것도 아니다. 라면은 1년에 세 봉지도 먹지 않고 야식 먹는 경우는 전혀 없는데 말이다. 2㎏ 줄었다고 기뻐하다가 한 주가 지나면 원상회복이다. 하루 1만 보를 걷는 기특함을 보더라도 체중계 숫자가 내려가기를 바라지만 말을 듣지 않는다.

강도를 높이자는 생각에 중고자전거를 장만했다. 나이 들어가는 이맘때 근력 운동으로 자전거 타기가 최고란다. 중고등 시절 6년간 자전거 통학을 한 경력과 자전거가 일상인 5년간의 공무원 시절을 믿고 이제 자전거에 체중을 맡겨보자 생각했다. 이번에는 체중계가 체면을 세워줄까?

아침 공기가 상쾌하다. 해가 뜨려는 순간 자욱한 안개 사이를 걷거나 자전거를 타는 기분은 직접 해보지 않으면 모른다. 대나무 숲속 새떼의 합창 소리를 글로 표현할 방법이 없어 못내 아쉽다. 오리 떼의 부지런한 움직임은 평화롭다. 거미줄에 대롱대롱 맺힌 물방울은 보석이다. 값을 매길 수 없다.

DNA를 극복하자

사람들의 행동을 보면 'DNA는 못 속이는구나!'라는 것을 느끼며 참 무섭다는 생각을 한다. DNA는 유전자의 본체로 수십 년 전 실종된 가족을 만나기도 하고 범죄 수사에 이용하는 수단이 되기도 한다. 최근에는 삶의 방식까지 알아내는 놀라운 DNA 검사 기술이 개발되었다. 어린 아이들의 발달 분야를 유전자검사로 확인하기도 한다.

이처럼 타고난 유전자는 사람마다 지문과 얼굴이 다르듯 제각각이지만 부모로부터 타고난 유전자의 특성은 유전되기 마련이다. 머리에 부은 물이 몸을 적시고 아래로 쏟아지듯이 말이다. 후천적인 환경에 의해 변하기도 하지만 중년을 넘기면서 친구들이 부모님의 외적인 모습뿐만 아니라 가족력(대머리), 유전(습관), 성격까지 닮아가는 것을 보면서 놀라곤 한다. 그래서인지 대중 드라마에서 빠지지 않는 단골 시나리오가 유전자검사다. 99.99%의 적합 또는 불일치로 시청자의 흥미를 이끌어 간다.

물론 나도 예외가 아니다. 부모님으로부터 타고 난 장점은 계승하고 단점을 극복하기 위해서는 뼈를 깎는 아픔으로 노력한다. 생각은 잠시 뿐 늘 무너지고 원점에 멈춰있을 때가 많다.

중국 고사에 강산이개(江山易改) 본성난개(本性難改) 라는 말이 있다. 강산은 바꾸기 쉽지만 본성은 고치기 힘들다는 말이다. "누구를 닮아 공부를 못하나? 왜 이 모양이냐?"하며 자식에게 못할 말을 하는 것은 참 어리석은 행동이다. 이 모두가 당신이 복사판으로 물려준 것인데 말이다.

잊지 말아야 할 일

　토요일, 지인 20여명이 포항 보경사 단풍 나들이를 겸하여 동해안 둘레길 걷기를 함께했다. 일행들이 6·25 전쟁 시 장사상륙작전을 기리며 세워둔 바닷가 기념 선박을 보면서 무어냐고들 묻는다. 나는 짧은 식견과 인터넷 검색을 더해 보충하며 설명해 주었다.
　6·25전쟁 중 일어난 장사상륙작전은 10대를 중심으로 한 학도병전쟁 또는 사변 시에 학생들이 학업을 중단하고 적과 싸운 의용병으로 6·25전쟁 당시 학생 신분으로 참전한 학도의용군을 말한다.들이 치룬 작전이다. 7번 국도를 통해 남쪽으로 전달되는 북한군의 생필품과 군수품의 보급을 차단하는 것이 작전의 1차 목표였다. 그러나 역사적 기록에 의하면 인천상륙작전을 위한 교란작전이 더 큰 목적이었다고 한다.
　병력은 부산지방을 중심으로 모집한 학도병 772명으로 단기 훈련 후 독립대대로 투입되었다. 대다수 경험이 부족했지만 끝까지 저항했고 그곳에서 피를 토하는 울분을 남긴 체 139명이 잠들었다. 학도병의 목숨을 던진 저항으로 북한의 남하 작전이 지연됐고 이로서 인천상륙작전과 아군의 방어력 재정비에 시간을 벌 수 있었다. 6.25 전쟁이 승리하는데 큰 공적을 세운 것이다.

1997년 당시 참전했던 학도병들이 장사상륙작전 참전유격동지회를 결성하면서 주목받기 시작했고 장사상륙작전의 일대기를 한눈에 알 수 있는 기념관이 2020년 현충일을 하루 앞둔 6월 5일 '장사상륙작전 전승 기념관(문산호)'으로 개관되어 꽃다운 나이에 나라를 위해 목숨이 꺾인 학도병들의 숭고한 뜻을 기릴 수 있게 되었다.

개판오분전이란 말이 있다. 욕처럼 들리기도 하고 무질서한 상태를 빗댄 저속한 말로 기분이 좋지 않을 수 있다. 6.25 전쟁 중 남으로 남으로 피난한 굶주린 피난민을 위해 밥을 배급하였다. 배급장소 주변에 흩어져서 배급할 시간만 기다리고 있던 피난민들은 배급장소에서 '개판오분전(開版五分前)'이라고 외치면 서로 배급을 먼저 받으려고 달려들어 아수라장이 되었다고 한다. '개판오분전(開版五分前)'이란 배급하기 위해 밥뚜껑을 열기 5분 전이라는 예고의 말이었던 것이다.

6·25전쟁 참전 16개국 중 아프리카에서 유일하게 6천37명의 지상군을

파병한 나라가 에티오피아다. 에디오피아가 공산화되면서 한국 6·25 참전국이란 이유로 민족지도자와 국민들이 큰 고통을 받았다. 남에게 좋은 일을 하다 낭패를 보는 일은 종종 있지만 남의 나라의 자유와 평화·정의를 위해 참전했다는 이유로 생명을 위협받는 고통을 후손들에게 물려준 이들을 어떻게 설명할 수 있을까?

세계사는 전쟁사이다. 사상과 지도자의 이념에 따라 인권이 유린되고 앗아간 목숨 또한 셀 수 없다. 제2차 세계대전에서 군인만 2천만 명, 민간인은 5천만 명이 사망했다. 한 사람의 인권도 어떤 것과 바꿀 수 없는데 전쟁이 앗아간 저 수많은 생명을 무슨 명분으로도 설명할 수 있을까.

오늘은 일상 가운데 내 주변에서 잊지 말아야 할 일을 잊고 사는 것은 없을까 생각해 보자. 과거를 잊은 민족에게는 미래가 없다. 잊지 말아야 할 것을 잊지 않는 것이 애국이요. 진정한 보훈의 뜻을 기리는 것이다.

가진 것의 소중함을 모르고 산다

K-Water 군위권 지사의 댐 주변에 지역지원을 위한 위탁사업 프로그램의 주요행사가 있을 때면 화산면 당지리를 방문하곤 한다. 가을 햇볕을 받은 단풍이 절정일 때였다. 관광버스 타고 멀리 떠나지 않아도 볼 수 있는, 단풍 꽃이 만발한 앞산을 하루에 몇 번씩 쳐다보라는 인사말을 했더니 별것이냐는 반응이다.

다음 날 K-water 영천권 지사 직원들이 복지관 무료급식 봉사를 왔다. "전국 어디를 가더라도 댐 주변은 경관이 좋아 힐링 하면서 근무해서 좋겠다." 하니 매일 보는 풍경이라 느낌이 별로 없다고 한다.

프랑스 루브르박물관에서 모나리자 그림이 도난당한 후에 모나리자가 걸려있었던 빈자리를 보려는 관람자가 그림을 보려는 관람자보다 더 많았다는 기사를 본 적이 있다.

나는 25년 전 입주한 아파트에서 줄곧 살고 있다. 신축아파트로 많이 이사를 가서인지 처음 입주한 이웃은 별로 없다. 서울에 거주하는 지인이 서울에 이런 아파트가 있다면 최고의 경관이라고 말한다. 막힘없는 전망과 멀리 보이는 금호강. 사계절 푸른 소나무와 운동시설을 겸한 뒷산 등 자연 친화적인 아파트라고 극찬을 한다. 25년 동안 사는 나는 단지 주차장이 협소해 불편할 뿐이다.

복지관의 도시락배달은 기동이 불편한 30여 세대에 전달된다. 가을 단풍은 고사하고 햇살을 느끼는 바깥나들이 자체가 불가능한 분들이다. 그렇다. 정작 가진 자는 자신이 가진 것을 잘 모른다. 감사도 이와 같다.

대다수 사람들은 먹을 수 있고 말할 수 있고 걸을 수 있는 것에 큰 의미를 두지 않고 살아간다. 그러나 이 평범한 것들을 평생 한 번도 가지지 못한 사람들이 많다.

오늘 순간이 감사이며 행복이다. 내가 가진 것을 세어보면 무척 많은데 더 갖지 못하여 아등바등 고군분투하면서 오늘도 어제처럼 살아가고 있는 것은 아닐까?

갑질의 최고 고수는 누구일까

사회적 신분은 시대를 불문하고 존재한다. 언제부터인지 몰라도 갑과 을이란 표현이 이러한 신분 사회의 분위기를 대변해주고 있다. 사용자와 노동자, 직장의 상하 관계 등 공동의 목표를 위한 협력관계가 되어야 성과를 높일 수 있는 사이임에도 갑과 을로 나뉜다.

갑을이야 있기 마련이다. 아니 있어야 한다. 부동산을 매매할 때도 당사자인 갑을이 서로 가격의 합의점에 도달하여야 계약이 성립된다. 그러나 문제는 갑(甲)이란 글자 다음에 '질'이 붙어 '갑질' 이 되는 경우이다. 땅콩 사건의 갑질로 이륙한 항공기가 회항하고 회사 돈을 지급하는 회사직원을 가정도우미로, 시간 외 비서로 고용해 세상이 한동안 시끄러웠다.

가장 모진 갑질을 하는 이는 누구일까? 세상에서 가장 지글지글한 갑질은 하는 것은 가는 세월이다. 고장 난 벽시계의 멈춤도 아랑곳하지 않는다. 77억 세계인구가 매달려도 멈추기는 고사하고 잠시 늦춰주지도 않는다.

"세월아 너는 어찌 멈추지도 않느냐? 그 끈질긴 갑질을!"

그러나 누구에게나 기준이 공평하기에 일률적인 갑질이라고 말하기는 곤란하다. 60 중반을 넘기며 돌아보니 내 친구도 주름이 늘었고 백발이 더 많아졌다. 나도 버금가니 공평하다. 어차피 갑질의 세월을 멈추지 못한다면 오는 봄 기다리듯 반갑게 맞이하자. 보조를 맞추어 동행하는 갑질 친구가 되자.

배려와 동행

충효의 고장 영천을 말할 때 포은 정몽주 선생을 가장 먼저 떠올린다. 포은 정몽주 임고서원 성역화 준공식에 부총리와 서울시장을 역임한 조순 전 부총리가 축하 인사로 초청되었다. 동대구역에서 모시고 와서 다시 모셔드릴 때 차 안에서 나누는 대화가 매우 자상하셨다. 금호들의 포도밭 비가림 시설이 신기하여 자세히 묻기도 했다.

깊은 인상을 받은 것은, 귀경 KTX 좌석 표를 확인하고 인사를 드린 후 기차가 출발하기를 기다릴 때였다. 플랫폼에서 기차가 떠나기를 기다리는 나를 향해 자리에서 줄곧 서 계셨던 것이다. 그리고 기차가 출발하여 보이지 않을 때까지 차창을 향해 손을 흔들어 주었다. 잠깐 만난 젊은 나를 끝까지 배려해 주신다는 것을 생생하게 느낄 수 있었다.

미국이 개척지 인근 원주민을 원조하면서 선교를 위해 라디오 주파수를 맞추고 원조 물품을 헬기로 꾸준히 전달하였다. 어느 날 추장이 우리 부족은 앞으로 개척자들이 믿는 종교를 믿는다고 선언했다. 그리고 원조 물품을 지원하면서 메시지를 전했던 사람을 초청하기로 했다. 개척자들은 선교가 성공했다고 난리가 났는데 고민이 생겼다. 원주민들은 옷을 안 입는데 옷을 입고가야 하나? 벗고 가야 하나? 하는 고민이었다.

회의를 하여, 헬기에서 내릴 때 모두 벗고 가자고 결론이 났다. 추장도 원주민을 모아 회의를 했다. 옷 입은 사람이 왔을 때 우리가 벗고 있으면 얼마나 민망할까? 어울리지 않아도 무엇이든지 만들어서 오늘 하루만 입기로 하자고 결론이 났다. 헬기에 내려 옷을 벗고 원주민 마을까지 가보니 원주민은 모두 옷을 만들어 입고 있었다는 것이다. 이처럼 상대를 이해하고 바꾸어 생각하는 역지사지(易地思之)의 마음이 진정한 배려이자 동행이다. 사랑하는 사람은 마주 보는 것이 아니라 같은 방향을 보는 것이다. 한발 뒤에 서면 더 멀리 볼 수 있고 한발 아래에 서면 상대를 더 잘 볼 수 있다.

1979년 노벨평화상을 수상한 테레사 수녀의 이야기다. 테레사 수녀가 봉사자를 모집할 때 기준은 복잡한 자격요건이 아니었다. 아무것이나 잘 먹을 수 있는 사람, 어떤 환경에서나 웃을 수 있는 사람, 아무 곳에서나 잘 수 있는 사람이었다. 현지의 어떤 음식도 먹을 수 있어야 하고, 환자나 상상외의 어려운 환경의 사람을 만나도 웃을 수 있어야 하고 그날그날의 거처가 달라져도 잘 수 있어야 한다. 봉사의 현장을 수없이 경험한 체험에 의한 기준이었다. 동행이 어떤 것이라고 말하지 않았지만 함께할 수 있는 사람의 의미를 잘 말해주고 있다.

노벨평화상 수상에 기자가 수상 소감을 물었다. 테레사 수녀는 "I am nothing"을 거듭 말했다.

"나는 아무것도 아닙니다. 나를 여기까지 인도하신 그분의 뜻입니다."

진정한 내 모습

새로운 천년을 맞이한다고 세계가 떠들고 지역마다 색다른 이벤트성 행사로 한바탕 소동을 벌였던 2000년이 엊그제 같다. 영천의 새천년 행사는 천문대가 있는 보현산 정상에서 있었다. 큰 사고 없이 끝나 다행이었지만 위험천만한 행사였다.

2000년 1월 1일 보현산 새천년 해맞이 행사를 마치고

새천년 해맞이를 위한 행사니 당연히 새벽에 준비가 이루어져야 하고 무엇보다 좁은 경사로와 콘트리트 포장도로가 얼어붙은 어두운 밤이니 차량운행이 아슬아슬했다. 체감온도가 영하 20도로 말이 제대로 안 나오는 경험을 했다. 그때가 엊그제인데 강산이 두 번이나 변하여 2020년을 맞았다.

그때만 해도 어머니는 바깥일을 큰 일꾼처럼 하셨었다. 지금은 앉아있기보다 누워계시는 시간이 더 많은 94세이시다. 과거의 기억은 총명하게 잘 기억하시는데 깜박깜박하거나 의외의 행동을 하셔서 당황케 할 때가 많다. 노환에 의한 치매 증상이다.

설날을 보내고 돌아오는 차 안에서 아내가 앞뒤 없는 말을 던졌다.

"당신은 참 좋겠다. 어머님의 사랑을 많이 받고 있어서……."

아들들이 세배를 한 후 며느리들의 세배를 받은 다음 뜬금없이 '셋째는 효자다'라는 말씀을 하셨다는 것이다. 며느리가 다 있는 새해 첫날 아침에 해서는 안 될 말씀을 하시고 말았다. 평생을 같이 모시는 맏아들, 맏며느리가 백배 천배 효자라는 것을 부정하는 가족은 아무도 없다. 평생 어머님을 모신 큰 형수님은 순간 어떤 마음이었을까? 깜박깜박하시는 어머님의 상태를 알고 있으니 다른 생각은 없겠으나 새해 아침 아랫사람들 앞에서 유쾌하지는 않았을 것이 염려되었다.

지난 60여 년을 돌아보면 효·불효를 떠나 나의 삶 자체가 엉망이고 진창이었지 않았던가? 그래도 그 말을 들은 나는 왠지 싫지 않았다. 이게 진정한 내 모습이고 내 인격의 현주소다.

열정

새해가 되면 다시 시작하고 싶은 계획도 거창하고, 건수도 많다. 여성은 다이어트, 남자들은 운동이나 금연이 아마 첫 번째일 것이다. 그 외에도 외국어 공부나 기상 시간의 습관을 위한 다짐들이다. 그러나 작심 3일이 되기 일쑤다. 인생습관을 바꾸는 기술을 소개하는 책들이 즐비하지만 특별한 비법은 없다. 중요한 것은 꾸준한 실천뿐이다.

아침에 강변을 걷다 보면 사계절 변함없이 운동하시는 분들이 많다. 특별히 더 열정을 가진 분들을 만날 때도 있다. 만나는 모든 사람에게 "안녕하세요!" 한마디 인사를 빼먹지 않는 사람도 있다. 생동감 있는 풍경을 담아 매일로 보내주시는 복지관 자원봉사자는 70대 중반이시다.

매일 아침 운동은 기본이고 걸으면서 보고 느낀 풍경을 매일 한 편의 시로 표현해서 주변 사람들과 공유하는 분이 있다. 계절이 바뀌어도 날씨가 궂어도 정해진 일과는 변하지 않는다. 이분이 대단한 것은 말할 것도 없지만 이 시를 받아서 원하는 사람에게 매일 문자로 나누어주는 분 또한 대단하다.

한 편의 시 구절에 감탄하고 같은 풍경을 이렇게 달리 볼 수가 있구나!

놀라기도 하고, 때로는 도무지 이해하지 못할 표현도 많다. 그러나 한 줄을 읽고 고뇌의 흔적을 공감하며 기쁜 마음으로 하루를 시작할 수 있어서 참 좋다.

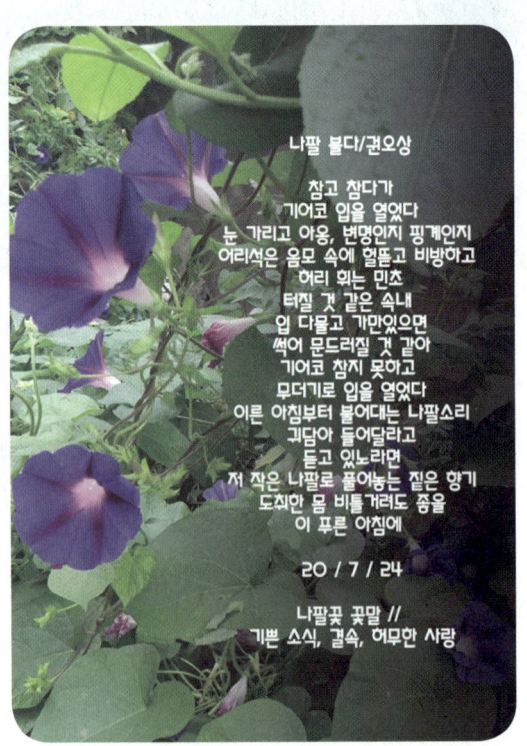

본 것이 전부가 아닐 때 많다

푸에르토리코 국립미술관 입구에 걸려 있는 한 폭의 작은 그림은 독일 출생 벨기에 화가인 페테르 루벤스(Peter Paul Rubens)가 그린 '노인과 여인'이다. 젊은 여인이 젖가슴을 드러내고 한 노인이 젖을 빨고 있어 처음 본 이들은 황당함을 느낄 것이다. 그러나 이 나라 국민은 누구나 이 그림 앞에 서면 모두 숙연해진다고 한다. 가슴을 드러낸 여인은 노인 딸이다. 두 팔이 뒤로 묶인 체 검은 수의를 입은 노인은 여인의 아버지이다. 이 노인은 푸에르토리코의 자유와 독립을 위해 싸운 투사였다.

독재정권은 노인을 체포해 감옥에 넣고 가장 잔인한 '음식물 투입금지' 형벌을 내려 노인은 감옥에서 서서히 굶어 죽어가고 있었다. 아버지가 굶어 곧 돌아가실 것 같다는 연락을 받은 딸은 해산한지 얼마 되지 않아 무거운 몸으로 아버지의 임종을 보기 위해 감옥으로 갔다. 두 손이 뒤로 묶인 채 앙상하게 뼈만 남은 아버지를 본 딸은 서슴없이 가슴을 풀어 헤치고 아버지에게 젖을 물렸다. 딸은 꺼져가는 아버지의 모습을 차마 볼 수 없어 얼굴을 돌리는 것 외에 다른 아무것도 할 수 없었다.

이 '노인과 여인' 그림은 부녀간의 사랑과 헌신, 그리고 애국심이 담긴 소중한 작품이다. 하나의 그림을 두고 어떤 이는 포르노라고 비하하기도 또 다른 사람은 성화라고 격찬하기도 한다. 사람들은 가끔 진실을 알지 못하면서 눈에 보이는 것만 전부인 것으로 판단하고 자기 생각을 말할 때가 많다. 교만과 아집, 편견을 버리고 내면을 보아야 아름다운 세상을 올바르게 볼 수 있다.

일과 휴식

100세 시대라지만 일반적인 은퇴나 정년은 60세이다. 그보다 빨리 퇴직하는 민간 기업은 더 많다. 공적 생활 46년 그 중 상시 출근한 햇수만 44년이니 짧지 않은 날인데 지나고 보니 순식간에 그냥 흘려보낸 것 같다.

긴 시간 동안 짜임새 있게 실천했다면 나 자신을 위해 진짜 하고 싶은 일을 얼마든지 엮어갈 수 있었겠으나 흐르는 강물에 몸을 싣고 현실에 안주하며 살아왔다. 계획적이지 못했고 휴식도 취하지 못했다는 것이지 후회한다는 말은 아니다.

헨리포드는 "일만 알고 휴식을 모르는 사람은 브레이크가 없는 자동차와 같은 것으로 위험하기 짝이 없다."고 했다. 발명왕 에디슨은 "내가 80세까지 원기 왕성한 연구를 쉬지 않고 할 수 있었던 비결은 앉을 수 있는 곳에 앉고 누울 수 있는 곳에 누워 쉬었다. 그리고 쓸데없는 일에 몸을 피곤하게 하지 않았기 때문이다."고 말했다.

그런데 나는 일만 알고 휴식을 모르는 사람도 아니고 성과를 낸 연구가도 아니다. 다만 확실한 것은 쓸데없는 일에 몸을 혹사하고 영양가 없는 일에 열을 올리면서 세상 걱정 나 혼자 하는 것처럼 몸도 마음도 피곤하게 살아왔었다.

    세상 걱정은 내 영역이 아니다. 내가 열을 올리면 몸과 마음만 더 피곤할 뿐이다. 이제 브레이크도 점검하고 앉을 곳 누울 곳이 있을 때는 지나치지 말고 앉고 누우며 때로는 멈춰 청명한 하늘도 쳐다봐야겠다.

균형

삶의 성공은 균형을 잃지 않는 것이다. 균형을 잃지 않고 살았다면 현실이 어떠하던 성공한 삶이다. 그러나 더러 징검다리를 잘 건너오다 마지막 계단에서 미끄러져 낭패를 볼 때가 있다. 삶도 마찬가지다. 앞만 보며 바쁘게 살 때는 모르다가 지위나 생활의 여유가 있을 때 균형이 허물어져 평생 쌓은 공이 무너질 때가 있다. 평생 쌓은 것이 무너지는 시간은 5분이면 충분하다.

전 충청남도지사에 이어 부산광역시장, 서울특별시장의 사태는 이성적인 균형을 잃은 대표적인 사례이다. 세상 모든 일에는 양면성이 있다. 양면성을 고려한 삶은 결국 균형을 유지하는 것이다. 모두 좋은 일이든 좋지 않은 일이든 완벽한 것은 없다. 왕관을 쓰려면 그 무게를 견뎌야 하듯이 말이다.

호사다마(好事多魔), 과유불급(過猶不及), 새옹지마(塞翁之馬) 그리고 요즘 유행어인 내로남불은 균형을 잃지 말라는 교훈적인 말이다. 초심을 잃거나 동지가 아니면 적이란 이분법적인 사고는 균형을 깨트린다. 쪽배는 흔들리면서 끝까지 나아간다. 만약 쪽배가 흔들림이 없다면 파도에 휩싸여 전복되고 말 것이다. 누구의 인생사든 흔들림 없는 인생은 없다. 다만 타성이나 익숙한 것과의 결별이 없으면 균형을 유지할 수 없다.

나무가 꽃을 버려야 열매를 맺듯 강물도 강을 버려야 바다에 도달하고 바다에 갔으면 강을 기억하지 말아야 한다. 지난 강에 집착하다 보면 바다의 대의를 망친다. 익숙한 과거를 과감히 버려야 오늘의 삶이 균형을 유지하게 된다. 도대체 시시각각 변하는 환경에 어떻게 균형을 유지하란 말인가?

떠올리기도 싫은 세월호 사건의 원인을 두고 여러 해석을 하지만 배의 균형을 잃은 것만은 분명하지 않을까? 개인 살림이나 국가운영의 기본인 재정도 수입과 지출의 균형을 유지해야 한다. 개인의 과도한 가계부채나 재원 대책이 마련되지 않는 국가부채 충당은 결국 가계운영이나 국가운영의 균형을 잃을 수 있다.

토론이나 논쟁에서 균형을 잃고 싸움판이 되는 경우를 보면 중심가치가 분명하지 않기 때문인 경우가 많다. 정치나 경제적 토론이라면 정당, 개인, 기업 중심이 아니라 국가와 국민이 중심가치가 되어야 균형을 잃지 않는 법이다.

채근담에서는 대인춘풍(待人春風) 지기추상(持己秋霜)을 춘풍추상(春風秋霜)으로 줄여서 자주 표현한다. 남을 대할 때는 봄바람처럼 따뜻하게 하고 자신을 지키기에는 가을 서리같이 엄격하게 하라는 말이다. 스스로 지켜야 할 균형 감각이다.

"세상에서 가장 쉬운 일은 남에게 충고하는 일이고 가장 어려운 일은 자기 자신을 아는 일이다." 그리스 철학자의 말이다. 그 충고를 내 안으로 돌리면 성찰이 된다. 충고와 성찰의 균형은 중심 가치를 잃지 않고 얼굴 날 일과 힘든 일을 똑같이 주도적으로 수행하는 것이 균형 잡힌 삶이다.

　소림사의 무사들은 허리춤에 술통을 달고 흐느적흐느적 하면서도 균형을 잘 잡아간다. 비틀대는 듯 보이나 몸과 마음, 호흡이 조화를 이루고 균형을 잃지 않기 때문이다.

일상을 돌아보게 하는 2020

새천년을 맞이한 그때처럼 새로운 10년의 시작인 2020년이 새로운 느낌으로 시작되었다. 사회도 개인도 새로운 변화에 대응하며 좀 더 성숙한 한 해가 되었으면 좋겠다.

지난해 말 대학교수들이 뽑은 사자성어의 첫 번째와 두 번째 순위가 공명지조(共命之鳥)와 어목혼주(魚目混珠)였다. 공명조는 머리가 둘 달린 상상의 새로 한 머리가 죽으면 따라 죽는 새이다. 2019년은 공생이 아닌 공멸의 한해로 분열된 나라 사정을 잘 말해준다. 20대 국회는 내내 주도권 다툼으로 허송세월 보낸 최악의 국회였다. 결과는 도루묵이 되고 말았다. 도루묵은 현상 유지라도 되지만 국회는 회복하기 어려울 만큼 스스로 뒷걸음쳤다.

어목혼주는 물고기 눈과 진주가 섞이듯 진짜와 가짜가 섞여 혼란했던 사회상을 잘 표현한 사자성어다. 조국 전 법무부장관 가족과 주변 일가가 큰 몫을 했고 결과 없는 반대에 묶여 소득 못 챙긴 야당도 혼란의 중심에서 제 몫을 톡톡히 했다. 이러한 와중에 2020년은 좀 더 희망적 메시지들이 있었으면 하는 바람은 나만의 소망은 아닐 것이다.

중국 우환 발 폐렴이 춘절 대이동으로 확산되지 않을까 하는 우려의 뉴스가 났았지만 남의 나라 일로 설 명절을 보냈다. 연말 마무리와 새해 맞이의 분주함에 1월에 설 명절이 있으면 시간은 곱으로 빨리 지나가기 마련이다. 우려한 우환 폐렴이 전국적으로 나타나긴 했어도 그 빈도가 약하다가 대구 신천지교회 신도를 중심으로 2월 중순부터 폭발적으로 확산 되었다. 방학이 끝나도 개학이 연기되고 가게는 문을 열어도 찾는 이가 없으니 개점휴업이고, 길흉사의 초청안내는 눈치가 보이고 전국단위의 국가고시도 연기되었다. 한 장의 마스크를 사고자 몇 시간 줄을 섰으나 구입 번호표조차 받지 못하는 상황이 벌어지기도 했다. 이제까지 한 번도 경험해보지 못한 일이 한두 가지가 아니다. 세상이 순식간에 이렇게 바뀔 수도 있다는 사실에 놀라지 않을 수 없었다.

위험에 노출된 상태에서 방역과 진료를 위한 보건·의료관계자의 현장 근무는 안쓰러운데 원성의 목소리가 먼저 들리고 그들의 젖은 근무복과 쪽잠을 대변해주지는 않는다. 만나면 악수하고 헤어질 때 다시 보자며 악수하던 일이 엊그제인데 서로가 만나는 자체를 꺼리는 것은 기본이고 비록 만나도 눈치만 보게 되니 잠깐 사이 세상이 이렇게 변할 수 있구나 하는 생각이 든다. 지나치며 악수하고 웃을 수 있었던 일상이 아득한 옛적 일이 되었다. 일상이 그토록 소중했는지 새삼 깨닫는다. 사회적 거리두기가 일상을 이토록 갈라놓았다. 소수의 확진자가 집단감염원의 원인이 된 대구 신천지교회와 청도 대남병원 사례에서 공동체는 구성원을 보호할 책임이 강해야 한다는 것을 다시 한 번 깨우쳐주었다.

사스와 메르스, 신종 플루의 공포를 겪었으나 세계적이지는 않아 오래 기억되지 않았다. 중국발로 시작하여 우리나라와 일본 등 아시아 중심으로 발생하던 것이 3월 중순을 넘으면서 유럽과 중동 미주까지 확산되어 아시아지역보다 확진자나 사망자가 비교되지 않을 만큼 더 많았다.

세계보건기구가 팬데믹(세계적 대유행)을 선언하였고 지역 간 거리를 두는 것이 아니라 국경을 막는 일이 생겨 세계가 침몰 중이다. 국제간 교역이 중단되니 물건을 생산할 원자재 수급이 원활하지 못하고 생산한 물품을 팔 곳이 없다. 주가지수가 최근 약 10년 사이 가장 낮은 지수로 떨어져 상상하지 못할 큰돈이 증발 되었다. 급기야 저소득층을 중심으로 계획한 재난지원금을 전 국민을 대상으로 지급하는 경제회복 처방을 내놓기에 이르렀다.

그래도 정치 일정은 변함이 없었다. 뜻밖의 기회로 4.15총선에서 여당은 과반의석을 훌쩍 넘게 확보하여 국회 운영에 야당의 걸림돌이 완전히 사라졌다. 코로나 19는 기온이 상승하면 자연소멸 될 것이라는 발표가 있었으나 생각일 뿐 현실과는 거리가 멀었다. 6월 초순의 날씨가 기상관측 이후 최초로 37도를 넘겼지만, 확진자는 매일 수십 명씩 늘어난다는 발표가 지속되니 어느 때에 종식될지 참담하기만 하다. 8월 무더위에 마스크 착용을 의무화하는 기이한 현상은 언제까지 이어질까?

우리 의료진들의 활약으로 세계가 한국의 코로나 대처방법을 극찬하며 벤치마킹하였다. 의료진이 국민에게 당부하는 것은 단순하다. 손 씻기, 기침 예절 지키기 등 개인위생을 잘 지키고 외출을 자제하고 사회적 거리 두기를 잘 실천하는 것이 최선의 백신이라는 것이다.

확산방지를 위한 실천, 그보다 더 효과적인 백신은 현재 없다. 병원에

감기 환자가 급격히 줄었다. 이번 사태로 세계가 일상 중 개인위생을 지키는 전환점이 되고 건강을 지키는 소중한 교훈으로 삼는다면 결코 추락의 역사로 기록되지만은 않을 것이다.

이게 무슨 일인가? 산불을 끄다 잔불을 제대로 정리하지 못해 재 점화되면 더 강력한 산불이 되고 불을 끄고자 하는 의욕마저 상실하게 된다. 재 점화된 산불이 더 큰 문제가 되었다. 8.15 광화문 일대의 시국 집회와 전광훈 목사가 이끄는 사랑제일교회의 확진자가 전국적으로 확산되고 말았다. 때마침 경기회복을 위한 임시공휴일로 3일간의 연휴와 여름휴가가 겹쳐 국민적 대이동이 있었던 것이다. 잔불 정리에 실패한 재 점화하다 산불에 바람까지 불어준 셈이다. 학생들의 등교는 흡사 서다 가다를 반복하는 정체 차량의 모습과 같다. 급기야 집회참가자들에게 강제검사와 구상권청구 방침도 내려졌다. 대한의사협회는 의사 정원을 늘리는 문제로 전공의·전임의 총파업을 이어가니 원칙적이고 엄정한 법 집행을 대통령이 주문하고 나섰다.

심각한 것은 가짜뉴스가 판을 치고 국민적 양극화가 더욱 심화되어 가고 있다는 것이다. 오늘 일간지 1면에 같은 날 광화문 인근 보신각에서 집회한 민노총의 집회는 위험도가 낮다는 이유로 강제검사를 하지 않고 있어 코로나를 정치적으로 이용하고 있다는 비난을 받았다.

국회 국정감사가 방송사 뉴스를 도배하고 있으나 뉴스 채널을 고정할 만큼 국민적인 관심을 받지는 못한다. 한마디로 말하면 자신의 신념이나 태도에 일치하는 내용만 기억하려는 선택적 기억(選擇的 記憶)의 집합체다. 한국경제신문(2020. 10.19)에 영국 레가툼 연구소의 지난해 사회자

본(개인 간 신뢰, 국가 제도에 대한 신뢰 정도) 조사에서 한국은 아프리카 짐바브웨(110위)보다 낮은 167개국 중 142위에 그쳤다는 보도는 우리를 우울하게 한다. 나라의 운명이 달린 문제다. 국가 신뢰 회복이 시급한 때다.

2020년 나라가 총체적 위기란 느낌을 지울 수 없다. 오늘날 세계적인 코로나 감염이 가장 큰 걱정거리이나 이보다 더 큰 위기가 없으리란 보장도 없다. 기후변화, 고용과 수출, 생산인구 저하와 노령화에 따른 복지 지출의 급증 등 어느 것 하나 가벼운 항목이 없다.

최선의 방안은 모든 국민이 한마음이 되는 것이다. 내 탓에서 시작해야 한다. 기본에서 재출발하는 국민적 운동 말이다. IMF 때의 금 모으기 운동처럼……. 국민보다 앞선 정당 중심의 정치는 국민의 신뢰를 얻을 수 없다. 국가와 국민을 우선하지 않는 가치는 국민적 저항의 대상이 될 수 밖에 없다.

코로나에 버금가는 올해의 이슈는 부동산(집값) 정책이다. 새로운 정책도 아닌데 20여 차례 정부 대책이 발표되어도 여전한 상승세를 이어가고 있다. 급기야 정책의 소속도 불분명하다. 주무 부처가 아닌 곳에서 대책발표를 한다. 얼마나 다급했으면 지방자치단체 조례로 정하는 용적률을 정부가 높이겠다며 자치단체와 협의과정 없는 발표도 있었다.

한비자에 나오는 말이다. 어느 날 왕이 옷을 벗고 깜박 잠이 들었는데 마침 전의典衣, 왕의 옷을 담당하는 신하가 자리를 비웠기에 전관典冠, 왕관을 담당하는 신하이 옷을 덮어드렸다. 잘한다고 한 것이다. 그 순간 왕이 깨어나 그 사실을 알고 두 사람 모두 감옥에 가뒀다. 이유인즉 전의는 자신의 책임을 다하지 못한 것이 죄이고, 전관은 자신의 일이 아닌 다른 사람의 일을 한 것이 죄라는 것이었다. 만일 전관의 죄를 묻지 않으면 다른 신하들도 자신의 일보다 왕에게 잘 보이려고 더 돋보이는 일만 할 것이고, 그렇게 되면 본래의 각자 맡은 일에서 문제가 생길 수 있다는 이야기다.

정치는 비록 고통일지라도 국민적 공감을 이루어야 하고 고통을 분담하는 일에도 동참해야 한다. 국민적 공감을 얻으려면 전문가의 의견을 청취하고 주어진 자원을 공정하게 배분하는 지혜가 있어야 한다. 주어진 자원이 풍부하지 않더라도 자원을 얼마나 효율적으로 사용하는지에 의해 한 나라가 번영을 이룬다고 '로마인 이야기'의 저자는 말한바 있다. 물론 위정자의 솔선은 기본이요, 마땅히 갖추어야 할 덕목이며 의무이다.

신천지로 시작된 코로나의 확산이 멈출 줄 모른다. 이웃의 아픔을 외면하는 종교는 존재 이유가 없다. 어떠한 설명으로 이해되거나 설득되지 않는다. 거짓과 내로남불의 사회적 분위기를 넘어 나 중심에서 우리 중심의 가치로 회복되어야 한다.

예측 불가능한 세상이다. 또 다른 변화는 더 빠르게 우리를 자극하고 위협할 것이다. 그동안 수없이 반복된 과오를 그때마다 적절히 포장하여 가볍게 살아와 급기야 일상처럼 당연시되어버린 지난날을 돌아보게 하는 2020년임에 틀림이 없다. 전환점이 되길 기대한다.

> 이 도서의 국립중앙도서관 출판예정도서목록(CIP)은 서지정보유통지원시스템 홈페이지(http://seoji.nl.go.kr)와 국가자료종합목록 구축시스템(http://kolis-net.nl.go.kr)에서 이용하실 수 있습니다. (CIP제어번호 : CIP2020049303)

1974부터 2020까지

46년은 길지 않았다

초판 1쇄 발행 / 2020년 12월 4일

지 은 이 _ 허의행

펴 낸 곳 _ 미루나무
주   소 _ 경북 영천시 최무선로 299 (창구동 35-2)
전   화 _ (054)331-7770, 전송 / 331-7774
등   록 _ 2004년 1월 15일(제2004-000001호)

ⓒ 허의행, 2020

ISBN 979-11-85555-51-5 03810
　　　값 15,000 원